mental

MUY PERSONAL

KURT TEPPERWEIN

Entrenamiento mental

Tome las riendas de su vida
y gane confianza
con *Mentaltraining*

OCEANO AMBAR

2ª edición, diciembre 2003

Entrenamiento mental

Título original: *Kraftquelle Mentaltraining*
Traducción: Francesc Miralles
Ilustración de cubierta: Enric Iborra

GRUPO OCÉANO
Milanesat, 21-23 - 08017 Barcelona
Tel.: 93 280 20 20 - Fax: 93 203 17 91*
www.oceano.com

ISBN: 84-7556-234-5
Depósito Legal: B-8096-XLIII
Impreso en España - *Printed in Spain*
00112030

Índice

4. Motivación y pensamiento positivo, los pilares del éxito

5. Aspectos técnicos del ejercicio mental

6. Respiración y energía vital

7. Conciencia creativa y materialización de deseos

Prefacio

Nuestro cometido es hacer de nuestra vida una obra de arte. La aplicación de las técnicas descritas en este libro va a transformar su vida de modo decisivo, al igual que sucedió conmigo. En esta obra me propongo transmitirle un procedimiento que he desarrollado a lo largo de treinta años mediante el estudio de distintas tradiciones y mi propia experiencia en los más diversos campos. Quiero mostrarle cómo puede emplear este método con resultados óptimos. La práctica del ejercicio mental le permitirá tomar las riendas de su vida y conformarla a su gusto.

La verdadera aventura de mi vida comenzó en Sofía en 1972. Me encontraba allí invitado por el profesor Georgi Losanow, un psiquiatra búlgaro que había desarrollado un método de aprendizaje revolucionario: la sugestopedia.

Unos días después de llegar a Sofía hallé una nota en el casillero del hotel: un hombre de Sudáfrica quería hablar conmigo sin falta. No me apetecía especialmente hacer nuevas amistades, puesto que quería concentrarme exclusivamente en el método de aprendizaje del profesor Losanow, así que no contesté. Al día siguiente había otra nota de este hombre sudafricano, la cual tampoco obtuvo respuesta por mi parte. No obstante, cuando al tercer día volví a encontrar una nota, sentí la curiosidad de saber qué es lo que ese misterioso desconocido quería de mí con tanta urgencia.

Fijamos una cita y pude saber que aquel caballero dirigía un instituto de *mind development*, es decir, de desarrollo mental/espiritual. Había oído algo de mi trabajo y me dijo que tenía que conocer su método. Lo que me contó en esa entrevista fue tan extraordinario que casi me pareció increíble. Le invité a viajar a Alemania para que expusiera en nuestro pequeño círculo de amigos su técnica para gobernar la propia vida.

Lo que aprendimos de aquel hombre y los resultados que constatamos tras aplicar sus principios cambió nuestra forma de ver el mundo. Casi a diario oía de boca de alguno de mis amigos como gracias a este método habían obtenido rápidamente los resultados deseados. También yo empecé en esta época a vivir según mis propios deseos. Comprobaba admirado una y otra vez cómo una idea nueva se hacía realidad al día siguiente, y no podía creer que fuera yo quien provocaba toda esa cadena de acontecimientos –por suerte, muy provechosos para mí.

Sin embargo, la idea de controlar el destino no me era desconocida. A la edad de diecisiete años había empezado a leer los clásicos del conocimiento universal. La Biblia fue el primero de estos libros. Con los años, a ésta siguieron el *Tao-te-king*, el *Bhagawadgita*, los *Upanisads*, el *I-Ching*, los sutras de yoga de Patanjali, el *Popol Vuh*, el *Libro de los Muertos de Egipto*, la doctrina de Buda, las obras básicas del budismo zen, el Corán y el Talmud, así como obras sobre los rosacruces y la masonería. Leí libros de Jakob Lorber, Alice A. Bailey, Krishnamurti, Paul S. Brunton, Anandamoyi na, Ramana Maharshi, Caligaris, Gustav Meyrink, Karl Weinfurter, el doctor Joseph Murphy, Sri Aurobindo, Gurdjieff, Bo-Yin-Ra, Fritjof Capra, H. E. Douval, Lao Tse, Confucio, el hermano Lorenz, Joel Goldsmith y, por último, del maestro Eckhart. Esta relación de obras y autores puede servirle de orientación si busca las fuentes del conocimiento ancestral del ser humano.

Durante años estudié con tesón la vida y las enseñanzas de los sabios de todas las culturas y tradiciones. Adquirí un profundo conocimiento de la hipnosis y la autohipnosis, y de cálculos astrológicos y numerológicos. Tuve como huésped a un yogui hindú que me mostró el arte de caminar sobre el fuego o de ser enterrado en vida. Estaba, por tanto, familiarizado con lo «milagroso». Y no obstante me hallaba ante una experiencia totalmente nueva: el increíble poder de la mente y el alma humanas había dejado de circunscribirse a los libros o la observación de terceros; yo mismo podía hacer uso de esta fuerza y comprobar cómo en mi vida los deseos se hacían realidad. El destino obedece a sus propias leyes internas, y yo había penetrado en estas leyes para usarlas en mi beneficio.

Esta experiencia maravillosa y todas las vivencias que siguieron después es lo que quiero transmitirle y la razón última de este libro. Todo ello le va a proporcionar los conocimientos necesarios para moldear su destino, así como las técnicas fundamentales de la autohipnosis, el yoga, la relajación, la magia kahuna y la meditación huna, la psicocibernética, la sofrología, la imaginación creativa y la oración. He eliminado del ejercicio mental todo aspecto superfluo que pueda revestir estos conocimientos, centrándome en un método sistemáticamente gradual para dominar el destino.

Esta visión de conjunto es fruto de una meditación en la que se me reveló la esencia de la relación entre causa y efecto, y la manera en que cada individuo puede desarrollar la fuerza creativa que anida en él. Es un secreto que ha sido celosamente guardado durante milenios y a cuyo conocimiento sólo han tenido acceso los iniciados. Una vez haya leído el presente libro podrá contarse también entre los iniciados.

Sin embargo, este secreto se revela sólo a aquellas personas que estén verdaderamente preparadas para ello. Mientras que unos entenderán las explicaciones del libro solamente como una información de interés o un compendio de instrucciones «técnicas», otros experimentarán una explosión mental/espiritual que les convertirá en dueños de su destino. Este último fue mi caso.

¡El provecho que obtenga de esta oportunidad dependerá únicamente de usted!

Capítulo 1

Fundamentos del ejercicio mental

Tiene en las manos un libro que le ofrece la oportunidad de transformar completamente su vida y darle una nueva orientación.

Puede pensar que hay muchos libros que prometen lo mismo. No obstante, los ejercicios detallados en esta obra son totalmente diferentes de los que componen otros métodos y sistemas de desarrollo personal; de todos los ámbitos y disciplinas del conocimiento, en estas páginas he reflejado sólo aquello que ha demostrado ser efectivo. Mi objetivo es transmitirle el arte de dominar la propia vida y moldearla a su gusto. Estos métodos han ayudado ya a millones de personas a resolver sus problemas y a encaminarse hacia el éxito.

Entre todas las fuentes de sabiduría, tanto de las tradiciones espirituales como de la ciencia más avanzada, he seleccionado sólo aquellos procedimientos cuyos resultados yo mismo he comprobado y las he reunido bajo el término *ejercicio mental*. Me he propuesto transmitirle lo mejor entre lo mejor, y puedo garantizar su eficacia con la conciencia tranquila.

Este libro está escrito para usted. Contiene técnicas de crecimiento personal sencillas y comprensibles de manera que pueda ponerlas en práctica desde el primer momento. El ejercicio mental es un método que permite progresar rápidamente tanto a principiantes como a aquellos que se encuentran en niveles avanzados. La meta final es conducirle al éxito en todos los ámbitos de su vida.

Por lo demás, el método del ejercicio mental es tan sencillo que hasta un niño podría comprenderlo. En eso radica precisamente la única dificultad. Tal vez al principio le cueste creer que pueda obtener resultados tan espectaculares con unos medios tan sencillos, ¡y sin embargo es así! Lo único que necesita es conocer las leyes que rigen la vida y ocuparse de que actúen en su beneficio. Con nuestros deseos y pensamientos podemos hacer que nuestras circunstancias vitales tomen la dirección adecuada. Las leyes en sí no producen nada sin nuestra intervención. Somos nosotros los que debemos activar los mecanismos que van a determinar el curso de nuestra existencia. Cada situación varía en función de cómo la experimentemos. Nuestra visión del mundo es la que crea nuestra realidad.

Usted determina su propio destino

Las formas y colores que percibimos, en realidad, no son nada más que energía; todo lo que existe es, a fin de cuentas, pura energía. Las ciencias naturales se han encargado de demostrar esta teoría a lo largo de las últimas décadas pese a ser una verdad conocida por sabios de todas las culturas desde tiempos inmemoriales. Así pues, no hay nada en este mundo que no esté compuesto básicamente de energía: pensamientos, sentimientos, materia, todo procede de la misma fuente de energía fundamental.

Por esta razón podemos cambiar nuestra personalidad, nuestras circunstancias o incluso acontecimientos que aparentemente no dependen de nosotros con la única ayuda de nuestros pensamientos. Toda energía transforma su entorno correspondiente. Si usted concentra la fuerza de sus pensamientos en una meta determinada, antes o después logrará alcanzarla.

De la nada no sale nada; ésa es una ley de la naturaleza. El que nada hace, no puede esperar nada a cambio. Pero esta ley también puede aplicarse en sentido contrario: cada acción, por pequeña que sea, da lugar a su reacción correspondiente. En el universo no se pierde ninguna energía. Cada pensamiento suyo es una acción que va a desencadenar una reacción en su entorno, influyendo sobre su destino. Si usted toma conciencia de esta relación causa-efecto, descubrirá lo infinitamente creativa –aunque también destructiva– que puede llegar a ser la especie humana. Estamos llamados a actuar sobre este mundo; la Biblia ya lo decía: «Someted la tierra a vuestra voluntad».

Esta máxima no significa que podamos explotar la tierra y sus riquezas indiscriminadamente, sino que debemos aprovechar racionalmente lo que nos ofrece para dejar a nuestros hijos un mundo mejor. Para ello, tenemos que empezar por la parte de la creación que nos queda más cercana, es decir, nosotros mismos. No es la vida la que pone en nuestro camino problemas y dificultades, sino nuestra ignorancia, el modo inconsciente en el que vivimos. En cuanto aprendamos a sacar partido de nuestras capacidades y a despertar el poder que subyace en nosotros entenderemos lo que verdaderamente significa ser creativo.

Naturalmente, no basta con conocer todo esto y asentir con la cabeza. Para beneficiarse de los conocimientos adquiridos tendrá que actuar. Este libro está concebido para que lleve a la práctica todo lo que vaya aprendiendo. Será difícil que usted aprecie su verdadero valor si se limita a leerlo y juzgarlo racionalmente. Sólo cuando aplique las técnicas que se exponen en esta obra a su vida cotidiana se dará cuenta de hasta qué punto puede controlar su destino con su pensamiento, voluntad y acción.

Sin embargo, si usted realmente quiere triunfar en la vida, antes deberá revisar su modo de pensar y de actuar. Si hasta ahora no se ha visto premiado con el éxito es porque usted todavía no ha cambiado.

Quien quiera obtener resultados debe sentar las bases para ello. Sólo si está dispuesto a desarrollar sus facultades podrá transformar realmente su vida. Por supuesto, puede que, al principio, esta nueva manera de afrontar los acontecimientos le suponga un gran esfuerzo, pero es necesario. Sepa que leer este libro no va a servir de nada si no se implica. Si realmente desea despertar toda la fuerza creativa y transformadora que anida en usted va a tener que trabajar; sólo así obtendrá resultados óptimos.

Todo lo necesario para triunfar en la vida lo lleva consigo. La ciencia ha demostrado que el ser humano sólo utiliza una pequeña parte de sus capacidades, y no existe razón alguna para que tenga que seguir siendo así. El ejercicio mental le ayudará a descubrir y aprovechar su potencial oculto. Sus técnicas sólo requieren el deseo y la firme voluntad de controlar su destino y ser feliz.

En el camino al éxito la vida siempre se pondrá de su lado. Si se atiene a las recomendaciones de esta obra verá como aquello que tenga que ocurrir sucederá en el momento oportuno. ¡Sólo usted es responsable de su éxito! Las leyes fundamentales de la vida obrarán en su favor sólo si usted lo permite, pues de acuerdo con estas mismas leyes, somos nosotros los que determinamos nuestra visión del mundo.

Nuestra capacidad de desear, creer, esperar y aceptar el éxito nos brinda un número ilimitado de posibilidades. En la misma Biblia se dice: «Todo aquello que pedís en vuestras oraciones, creed simplemente que ya lo habéis recibido y así os será concedido». Quedará impresionado de las altas metas que puede alcanzar con el poder de su convicción. Es un dicho tan antiguo como sabio que «la fe mueve montañas». No obstante, esta verdad sólo nos ayudará cuando la hayamos incorporado a nuestra forma de pensar y de actuar.

He incluido algunos ejercicios a lo largo del libro de modo que pueda poner en práctica inmediatamente lo aprendido. Básicamente, he escogido los ejercicios que puedan ayudarle a cumplir sus deseos y metas personales.

Espero que aproveche esta oportunidad y empiece, ya durante la lectura del manual, a adoptar un enfoque positivo para su vida. Para ello, de vez en cuando tendrá que interrumpir la lectura para concentrarse en el ejercicio que corresponda. Si usted sigue el «hilo conductor» de los ejercicios, puede estar seguro de que, tras la lectura de este libro, tendrá el destino en sus manos, con el camino que lleva al éxito ante usted.

Organización consciente de la vida. La clave del éxito

Puede que al principio las ideas que estructuran esta obra le resulten extrañas. Sin embargo, como en todo, la perseverancia tiene un papel fundamental en este proceso. Una manera de pensar orientada hacia el éxito es una premisa esencial en la consecución de cualquier objetivo.

Palabras como «revés del destino» o «mala suerte» deben ser desterradas de su vocabulario a partir de hoy. Sólo cuando asuma que todos sus problemas personales tienen su origen en concepciones erróneas podrá entender que la clave para resolverlos está en usted mismo. ¡Es usted quien determina su éxito o fracaso! No pierda el tiempo esperando «una buena ocasión» o la ayuda de terceros. Esta actitud sólo sirve para eludir la responsabilidad. Todas las posibilidades están ahora en su mano; lo único que debe hacer es aprovecharlas.

En cada minuto de nuestras vidas reside nuestra futura felicidad o desgracia, la enfermedad o el bienestar. Dicho de otro modo: permanentemente estamos decidiendo nuestro destino. La mayoría de las veces, sin embargo, actuamos inconscientemente. Puesto que son nuestros pensamientos y emociones los que determinan nuestro destino, tendremos que aprender a controlarlos para dirigir nuestra vida de modo consciente.

Constantemente actuamos según modelos aprendidos y dejamos que los prejuicios y los malos hábitos marquen la pauta de nuestra vida. No obstante, dado que el comportamiento, el criterio y el grado de conocimiento vienen determinados por uno mismo, antes que nada tendremos que aprender a vivir, pensar y sentir de forma más consciente. Sólo el que decide conscientemente sobre cada segundo de su vida puede afirmar que es completamente libre.

Eso implica que hay que aprender a detectar y eliminar desde el principio el enfado, el odio, la envidia, los sentimientos de culpa; en suma, todas las emociones negativas y destructivas a las que estamos expuestos. Estos sentimientos negativos son en realidad las barreras que nos separan del éxito. Sólo cuando seamos capaces de ver nuestra vida como una gran misión y no reaccionemos ante los reveses del destino con sentimientos negativos, sino actuando con audacia y optimismo, habremos dado un gran paso hacia la libertad mental y espiritual.

En este libro me propongo mostrarle cómo actuar para que su vida responda a sus deseos y expectativas, cómo reconocer y resolver los problemas y, finalmente, cómo hacer realidad sus deseos. Por otro lado, le contaré de qué manera se pueden curar algunas enfermedades y mantener un estado óptimo de salud.

El bienestar es mucho más que disponer de dinero suficiente para materializar cualquier deseo ya que, de todos modos, las cosas más importantes de la vida no pueden comprarse. Bienestar significa que todo lo que constituye nuestra vida «está bien»: tener una pareja y unos amigos adecuados, un trabajo que nos satisface, un lugar y una casa donde nos sentimos a gusto. Si logramos esto estaremos agradecidos a la vida y, en consecuencia, trataremos de ayudar a los demás en la medida de nuestras posibilidades. Es en esta dimensión de la vida donde reside el verdadero bienestar.

Una condición esencial para el éxito es valorarse debidamente. Todas las personas hemos venido al mundo para ser felices y tener éxito. No hay «desgraciados» ni «afortunados» natos. Las riquezas de la vida están al alcance de todos los seres, y es más: ¡las tenemos delante de nuestros ojos! Cuando comprenda esto, comprobará que la vida le ofrece a cada segundo cientos de posibilidades de ser feliz.

Si se abre interiormente, adquirirá conciencia de la fuerza que subyace en usted. A medida que aprenda a manejar esta fuerza, comprobará cómo se producen las «casualidades» más increíbles.

Muchos lectores se preguntarán si estas afirmaciones están demostradas científicamente. Quisiera recordarles que las leyes de la naturaleza también eran desconocidas para nosotros en un principio, y que la verdad no siempre es algo que pueda comprobarse; la verdad es o no es. La verdad siempre va por delante del conocimiento científico ¡Antes de que Isaac Newton descubriera la ley de la gravedad los cuerpos no flotaban en el aire! Sería superfluo enzarzarse ahora en una discusión sobre la existencia de las leyes mentales descritas en esta obra, ya que usted mismo comprobará sus efectos día a día, muchas veces de una manera totalmente inconsciente.

Un sabio dijo en una ocasión que el universo quedaría sumido en el caos más absoluto si tuviera que guiarse por las leyes que han descubierto los hombres.

Hay ciertas leyes que no sólo actúan sin nosotros saberlo, sino que además influyen directamente en aspectos básicos de nuestra vida. Todo lo que existe obedece a un orden que es constante y universal. No es casualidad que la traducción del término griego cosmos sea «orden» u «orden del mundo». El concepto de cosmos apunta a que todo ser se mueve según unas reglas determinadas sin las cuales su existencia no sería posible. Todo en este mundo tiene un sentido y una misión.

Nuestra misión como seres humanos es desarrollar, experimentar y aprovechar las facultades que nos han sido dadas. El aprovechamiento de estos poderes y facultades depende de nuestra disposición a interiorizar más información en nuestra vida. Sólo si asumimos que «vivir» significa sobre todo «aprender», estaremos a la altura de nuestra misión.

Si en el pasado usted no fue capaz de aprender todo lo que debiera, empiece ahora una vida nueva. Bien es cierto que podemos aprender del pasado y planear nuestro futuro; no obstante, la vida siempre tiene lugar en el presente, justamente ahora, y en cada instante sentamos las bases de nuestro futuro.

Cada día nos ocupamos de cuidar nuestro cuerpo a pesar de que «sólo» nos acompañará en esta vida y, a menudo, ni siquiera eso. Nuestro destino, sin embargo, no sólo nos acompaña en esta vida, sino que continúa en el «más allá». Por lo tanto, cada día deberíamos prestar atención a todo aquello que influye en nuestro destino. Sin embargo, en lugar de eso nos preocupamos de lo efímero e ignoramos la realidad. Una gran mayoría de personas viven con el miedo constante a perder algo y no son conscientes de que se están alejando de lo más importante: de ellas mismas.

La creación no está terminada. La creación tiene lugar constantemente, ya que cada una de nuestras ideas genera realidades nuevas. Estamos llamados a participar en la creación. Con nuestro pensamiento damos una forma a la energía creativa que más tarde derivará en un estado o evento de nuestra vida.

Aprenda de sus errores

No se torture por los errores del pasado y no pierda el tiempo pensando cómo podría haber actuado mejor. ¡Preocúpese de hacer ahora lo correcto! Plante la semilla del fruto que quiere cosechar mañana. Nuestra vida es como un huerto: cada pensamiento y cada sentimiento son una semilla que plantamos. Esta semilla madurará y dará frutos. Los frutos que obtengamos dependerán de aquello que hayamos sembrado. ¡Sólo usted decide lo que siembra, ahora y en cada momento de su vida! De nada le servirá lamentarse de los errores del pasado. No obstante, puede aprender de ellos.

¡Vivir significa aprender! Por lo tanto, debe acostumbrarse a afrontar las dificultades que se le presentan como un ejercicio a resolver. Con el tiempo comprobará que cada prueba que le pone la vida le hace avanzar un poco más. Puede estar seguro de que cada problema tiene una solución y, por tanto, cada problema le invita a encontrar la respuesta óptima. La clave de la solución a todos sus problemas la tiene siempre usted.

Simplemente observe su vida y descubrirá que las circunstancias que le rodean se corresponden totalmente con su disposición interior. Sus sentimientos, inclinaciones, aversiones, prejuicios, opiniones y convicciones se expresan en todos los ámbitos de su vida. Nuestras circunstancias personales no son fruto de la casualidad; nosotros las creamos con nuestro comportamiento. Nosotros determinamos la calidad de nuestra vida. Toda persona triunfadora está interiormente segura de su éxito, no se concentra en sus carencias sino en la meta a alcanzar; su pensamiento busca las mejores soluciones. Del mismo modo, la persona que se siente fracasada antepone sus miedos y limitaciones a la búsqueda de una mejor situación.

«Sembrad y recogeréis»

En principio sólo existe la ley, la vida: la materia prima, por llamarla de algún modo. La fuerza que mueve la vida no tiene voluntad propia, no tiene iniciativa alguna. Sencillamente está a nuestra disposición, pues por medio de nuestra voluntad, nuestros deseos, metas e ideas, es decir, a través del poder de nuestros pensamientos, esta fuerza original se manifiesta. La tierra no da cosecha alguna si no hay una mano que plante las semillas. Por lo tanto, hemos de implicarnos activamente en el embellecimiento del «jardín» de la vida, concretando nuestros deseos y trasladándolos a la realidad.

Muchas personas se esfuerzan todos los días en tener un jardín cuidado, con flores y hortalizas que crezcan de manera armoniosa sin perjudicarse entre sí. Por desgracia, no ponemos el mismo esfuerzo en nuestro destino por lo que, en el «jardín de la vida» de la mayoría de personas, las flores y plantas brotan sin orden ni concierto: las rosas crecen al lado de las malas hierbas, algunas plantas se marchitan porque no reciben el debido alimento, mientras que otras invaden todo el jardín.

Lo que sucede con las plantas del jardín ejemplifica perfectamente cómo usted puede intervenir en su realidad: los claveles brotan de una semilla, de manera que, si le gusta contemplarlos va a tener que plantarlos. Esta relación causa-efecto se aplica a la vida, aunque muchas personas no sean conscientes. Quien quiera obtener un resultado tendrá que poner primero la simiente. Así, el resultado no sólo es probable, sino que necesariamente se materializará. La naturaleza sigue un plan preestablecido y conociendo sus leyes podremos sacar provecho de sus recursos.

La vida se manifiesta a través de multitud de fuerzas que actúan simultáneamente. Todas ellas tienen su origen en una misma fuente, que unos llaman «destino» y otros «vida» o simplemente «Dios». El nombre bajo el que englobemos estas fuerzas no tiene mayor importancia. Lo esencial es comprender que éstas pueden expresarse a través nuestro, que ya lo están haciendo incluso, aunque la mayoría de las personas aún no sepan cómo aprovecharlas. Sin embargo, esto es algo que puede aprenderse, y ése es precisamente el cometido de este libro: mostrarle qué leyes subyacen en esta fuerza y cómo utilizarlas en su provecho.

Es un milagro de la naturaleza que, con el tiempo, un pedazo de carbón se convierta en un diamante. Para que eso suceda se han de dar una serie de condiciones: la paciencia y la espera no son suficientes, ya que cada pedazo de carbón no se transformará automáticamente en un diamante. No obstante, cada pedazo tiene la *posibilidad*, bajo circunstancias favorables, de transformarse en una piedra preciosa. Nuestra tarea es descubrir cuáles son esas circunstancias que pueden pulir y mejorar la «materia prima» de nuestra vida, de manera que podamos transmutar el «carbón» que nos encontramos en «diamante». Sin embargo, el trabajo no lo puede hacer nadie por usted, y el mejor momento para iniciar su proyecto es ahora.

Fundamentos para la práctica del ejercicio mental

Tal vez en el pasado usted ya haya puesto en práctica otros métodos de crecimiento personal, como el pensamiento positivo, la autorrelajación u otras técnicas. Estos ejercicios responden a una misma verdad y se apoyan en unas leyes de validez universal. Todos ellos tienen un «pequeño tesoro», una técnica determinada de desarrollo personal que es especialmente efectiva.

He ido reuniendo los «tesoros» de los distintos sistemas en la obra que tiene en sus manos. A continuación, le referiré de qué manera puede llevar a cabo este trabajo de crecimiento personal.

Cada sesión de ejercicio mental suele durar en la primera fase unos treinta minutos. Puesto que con la práctica regular del ejercicio mental se incrementará rápidamente su capacidad de concentración y relajación, tras unas pocas sesiones necesitará de un tiempo relativamente corto para realizar los ejercicios. Para esta segunda fase será suficiente una práctica diaria de quince minutos. No obstante, puede prolongar estos ejercicios si lo considera necesario.

A continuación, enumero los doce pasos del ejercicio mental que debe llevar a cabo diariamente en cada sesión. En posteriores capítulos hallará una explicación más detallada sobre la práctica y objeto de los distintos pasos.

- **Delimitar la meta o el deseo principal.**
  Ante todo, debe plantearse qué meta desea alcanzar. Deje de lado todas las ideas preconcebidas que entorpezcan su objetivo. ¡Concéntrese únicamente en su meta! Asegúrese de que con la consecución de ese deseo no perjudicará a terceras personas. Una vez haya marcado su objetivo, tiene que darle una «forma» mental determinada. Por lo tanto usted deberá:

  ~ Expresar su deseo con una fórmula concreta.
  ~ Visualizar mentalmente la imagen de aquello que quiere que ocurra.
  ~ Imaginar intensamente el sentimiento de felicidad que le embargará cuando haya alcanzado su objetivo.

- **Fijar el lugar y la hora de su práctica diaria.**
  Piense dónde y en qué momento puede practicar sus ejercicios diarios en condiciones óptimas. Asegúrese de que nadie va a molestarle durante la sesión.
- **Adoptar una buena postura corporal**
  Aunque existen varias posturas efectivas, la más recomendable para practicar el ejercicio mental es la postura del faraón (*véase página* 60).

- **Relajarse física y mentalmente.**
Una vez esté sentado en la postura correcta, relájese completamente y dirija toda su atención hacia su objetivo.
- **Desconectar y visualizar el deseo.**
Libérese de todo pensamiento o emoción ajena a su deseo y concéntrese totalmente en su proyecto.
- **Respirar con la técnica adecuada.**
Respire profunda y acompasadamente para absorber la energía cósmica (*prana*) y almacenarla en su cuerpo. (Los pasos cuarto, quinto y sexto se explican por separado para su mejor comprensión, aunque integran un mismo proceso).
- **Fomentar un estado de conciencia creativo.**
Para alcanzar el «estado de conciencia creativo» es necesario estar muy relajado y tener una atención pasiva, libre de todo esfuerzo. Este estado se caracteriza por presentar una frecuencia mental reducida.
- **Encontrar el «punto de transformación interior».**
También los dos últimos pasos comprenden un único procedimiento. Usted deberá situarse en el «punto de transformación interior», el cual sólo puede alcanzarse estando relajado y sin presión. Visualice algunas imágenes (un prado, una montaña o cualquier otra imagen que le resulte sugerente) que activen el proceso de transformación.
- **Dotar a la imagen de energía vital y de un sentimiento de alegría.**
Evoque en su conciencia el deseo que se haya planteado con la fórmula y la imagen que haya escogido. Inyécteles la fuerza vital de la energía cósmica (*prana*), al tiempo que despierta en usted un sentimiento de felicidad por ver cumplido –mentalmente– su deseo.
- **Identificarse perfectamente con el contenido del deseo.**
Una vez haya fijado el deseo en su conciencia con imagen y palabras, debe afirmar su contenido en lo más profundo de su ser. Sienta y visualice con toda claridad aquello que ya ha materializado en su mente como si fuera un hecho.

- **Reiterar el deseo una y otra vez.**
  Repita constantemente la fórmula de su objetivo y la materialización mental del mismo –en el que usted se ve alcanzando su meta– y registre asimismo el deseo en su subconsciente. Con ello habrá sentado la base para que se cumpla su deseo. A partir de este momento debe creer firmemente que su preciado deseo se va a cumplir. ¡Viva con esa expectativa!
- **No entorpecer el cumplimiento del sueño y actuar.**
  No es preciso decir que nadie puede alcanzar su meta si permanece inactivo. ¡Actúe! Su subconsciente le enseñará el camino. No dude en ningún momento de la realización de su deseo.

En resumen éstos son los pasos fundamentales a seguir para la práctica del ejercicio mental. Tal como he indicado anteriormente, en los próximos capítulos los desarrollaré con más detalle.

Antes de ponerlos en práctica es importante que clarifique cuál es el objetivo que pretende alcanzar –quizás primero uno a corto plazo y luego otro a largo plazo– con el ejercicio mental. Por lo tanto deberá centrarse en un deseo concreto en cuya realización va a trabajar.

Antes de comentar los pormenores de la práctica del ejercicio mental, enumeraré las leyes psicológicas que debe observar para obtener unos resultados óptimos con estas técnicas.

Capítulo 2

Premisas psicológicas para actuar eficazmente

Libérese de los sentimientos de culpa

Las culpas no expiadas, como las deudas sin pagar, constituyen un obstáculo en su ascensión, ya que éstas indican falta de armonía, lo cual es incompatible con el equilibrio interno. Por lo tanto, antes de ponerse en camino tiene que pagar sus «deudas», no sólo las materiales también las espirituales. Sólo cuando haya dejado el pasado verdaderamente atrás será libre y podrá crecer.

Ningún banco daría un crédito a un cliente que todavía no ha satisfecho sus deudas anteriores. Esto puede parecer duro, pero tiene su lado positivo: hasta que no hayamos aprendido de nuestros fallos anteriores no deberemos embarcarnos en nuevas aventuras, ya que todavía no estamos preparados.

Existen distintos tipos de culpa, y cada uno de ellos requiere una actuación diferente para su satisfacción. Para empezar nos ocuparemos del conocido sentimiento de culpabilidad, que no coincide, exactamente, con el concepto literal de culpa.

La persona que sufre este sentimiento debe comprender que, en el fondo, no existen verdaderas culpas. Todos cometemos errores, y éstos son fruto de nuestra falta de conocimiento, comprensión o voluntad. Sólo correspondería tener sentimientos de culpa a la persona que tiene conciencia de haber actuado mal voluntariamente o de modo negligente. Si nos esforzamos en reconocer nuestros errores, para así evitarlos en el futuro, contribuiremos a eliminar los sentimientos de culpa. Por lo tanto, hay una serie de preguntas que siempre deberíamos plantearnos:

- ~ ¿Procuro actuar bien en todo momento o podría mejorar mi actitud?
- ~ ¿Vivo actualmente en un conflicto? Si es así, ¿por qué?
- ~ ¿Por qué no resuelvo este conflicto? (Es preferible un final horrible que un horror sin final).

Tenemos que estar preparados, por ejemplo, para romper una relación de pareja, una amistad o un matrimonio, si esta relación no aporta nada positivo y ya hemos intentado arreglar la situación con todo nuestro empeño, pero no ha servido de nada. De acuerdo que tenemos que asumir nuestras responsabilidades, pero ¿debemos enfrentarnos a imposibles?

Así pues, estamos obligados a tomar decisiones y obrar en consecuencia. En el camino hacia la meta que se haya marcado deberá, no obstante, aceptar tanto sus defectos como los de los demás.

Antes de nada debe aprender a aceptarse tal y como es. Si usted no se quiere a sí mismo no puede exigir a los demás que le quieran. No se exija más de lo que usted puede dar. Sea receptivo con las críticas y consejos, pero tenga presente que en cualquier caso es usted quien debe responsabilizarse de sus decisiones. Al fin y al cabo, como cualquier otra persona, está aquí para aprender. Y sólo aprendemos experimentando y equivocándonos.

Cuando cometemos un error, nuestra obligación es reconocerlo y aprender de él, relegándolo inmediatamente al pasado. Tome, por tanto, conciencia de sus errores, perdóneselos y olvídelos acto seguido. Deje que el pasado quede atrás.

Los sentimientos de culpa son conflictos latentes del subconsciente que nos roban una energía preciosa. Cuando resolvemos un conflicto, disponemos de un gran caudal de energía que antes estaba desaprovechado. En esos momentos sentimos que nos quitamos un peso de encima. Notamos una nueva energía en nosotros y podemos concentrarnos y entusiasmarnos con cosas nuevas. Por eso llevar a cabo una limpieza interna no sólo es útil y necesario, sino que también es muy agradable. Pensemos, por un momento, en la sensación que experimentamos después de haber escrito una «carta de cortesía» o cuando la «visita pesada» por fin se ha marchado. Una vez hecho, sentimos que hemos actuado como debíamos, hemos «cumplido».

No hay parámetro capaz de medir el tamaño de una culpa. Sólo usted puede valorarla, en función de sus creencias y del dictado de su subconsciente. Estos sentimientos negativos no deben ser tomados a la ligera, ya que pueden derivar en un complejo de culpa. Por esta razón, no podrá liberarse de estos sentimientos negativos sin antes erradicar racionalmente la costumbre de atribuirse la culpa. En cualquier caso, debe convencer a su subconsciente de que usted no es culpable o, si lo es, de que ha hecho todo lo que está en su mano para remediarlo. Incúlquese esta idea para liberarse de la sensación de que «necesita» un castigo.

Naturalmente, la disolución de estos bloqueos profundos puede requerir un cierto tiempo. No puede esperarse que en una sola sesión, es decir, con un único diálogo con su subconsciente, se resuelva el conflicto. Estas conversaciones internas deben repetirse con mucha paciencia y técnicas adecuadas.

Para eliminar el complejo de culpa, es necesario prestar la máxima atención al subconsciente. Proporciónele diariamente contenidos positivos, preferiblemente –ésta es una buena técnica– en forma de imágenes positivas que despierten en usted sentimientos agradables, como amor, alegría o gratitud.

Un apoyo muy efectivo en este tipo de visualizaciones para la limpieza espiritual es el «renacimiento mental», que trataré en las próximas páginas. Este proceso consiste en desactivar la carga negativa de un recuerdo traumático, eliminando así sus funestas consecuencias.

Corrija mentalmente errores anteriores

Si es consciente de que en una situación crítica no ha reaccionado o actuado adecuadamente, debe analizar inmediatamente las consecuencias y cambiar su manera de actuar. Si reconoce su error con posterioridad a los hechos, deberá corregir su actitud mentalmente. Para hacerlo, puede recurrir a la técnica que mencionábamos con anterioridad, el renacimiento mental (*véase ejercicio de final de capítulo*).

El subconsciente registra todo aquello que recibe, sin establecer diferencia alguna entre las experiencias reales y la fantasía. Por esta razón, las técnicas que emplean la imaginación son muy útiles para reprogramar el subconsciente. En el caso de que en una determinada situación no haya actuado correctamente, pregúntese primero cuál habría sido el comportamiento más conveniente y concéntrese totalmente en esa situación ideal. Reprodúzcala de la manera más gráfica y expresiva posible, de este modo se grabará en el subconsciente el «programa» con la reacción adecuada a esa situación modelo.

Esta programación del estado ideal debe llevarse a cabo con una fuerte implicación emocional. Es importante que el pensamiento vaya acorde con las emociones. Los sentimientos contradictorios pueden hacer fracasar todo el trabajo que se lleve a cabo con el subconsciente.

Cuando se corrige un mal comportamiento a posteriori, el subconsciente, que en cierto modo dirige su conducta reaccionando autónomamente, va sustituyendo, progresivamente, cada reacción incorrecta por la que es deseable. En el futuro quedará programado sólo para situaciones que, sea en la realidad o en la imaginación, han transcurrido de modo ideal. Para reforzar este mensaje en el subconsciente, imagine siempre la felicidad que experimenta cada vez que actúa correctamente.

Acostúmbrese a repasar todo lo que ha hecho durante el día, revivindo todos los acontecimientos si es necesario. Así logrará controlar todos sus actos, acercándolos, cada vez más, al ideal.

Sincérese con sus allegados

La mejor manera de «reparar» el daño ocasionado a otra persona es mediante una conversación honesta, de modo que en el futuro no se produzcan más tensiones. Si tiene miedo de enfrentarse a la persona en cuestión, puede llamarla por teléfono o mandarle una carta explicándose. Lo mejor sería, por supuesto, reunir el valor suficiente para tratar el tema personalmente. Si, de esta manera, logra aclarar malentendidos en el ámbito interpersonal, habrá reducido considerablemente el número de culpas de su «cuenta kármica».

Sin embargo, las deudas no siempre pueden saldarse con la persona afectada. Si se trata, por ejemplo, de deudas materiales, deberán satisfacerse en metálico. Sólo en el caso de que la persona ya no esté localizable, o si ésta ha muerto, puede abonarse excepcionalmente la misma cantidad, sumándole los intereses, a una tercera persona en forma de donativo.

Si entre usted y la otra persona hay una tensión emocional, tendrán que recurrir a un diálogo esclarecedor para dirimir las diferencias. Si usted ha herido los sentimientos de un amigo o compañero, deberá compensarlo tratándolo con el máximo cariño hasta que se restablezca la armonía.

Cada vez que «pagamos» una de nuestras deudas, nos liberamos y avanzamos notablemente en nuestro desarrollo personal.

Si desea limpiar su conciencia en el sentido más amplio, es decir, eliminar los sentimientos negativos de su subconsciente –los cuales siempre resultan destructivos para quien los experimenta– no sólo tendrá que enmendar sus culpas, sino que también deberá perdonar las de sus semejantes. Usted no será libre interiormente mientras guarde rencor o exija reparaciones de otras personas. Este tipo de sentimientos es veneno para su alma.

La purificación de la conciencia incluye perdonar a los que nos han herido y no desearles el mal. Debemos aprender que estamos expuestos a los bajos impulsos y a esperar demasiado de nuestros semejantes. Cuando sienta este tipo de emociones, recurra al renacimiento mental para neutralizarlos y librarse de ellos.

Ejercicio 1. El renacimiento mental

- ¡Empiece relajándose tanto como pueda! Repase mentalmente los acontecimientos del día, desde que se levantó hasta el momento presente. Pregúntese: ¿Cuándo y dónde he hecho o dicho algo que no se corresponde con mis valores? ¿He herido los sentimientos de alguien? ¿He dejado de hacer algo necesario?

- Si debe hacerse un reproche de este tipo, reviva mentalmente una vez más la situación, esta vez teniendo una reacción ideal. Experimente la situación tal y como hubiera deseado que sucediera; escuche mentalmente las palabras que usted habría deseado pronunciar.

- A continuación, identifíquese con esa conducta ideal y regístrela en lo más profundo de su ser. Dote esta idea de un intenso sentimiento de alegría y afirmación, y asegúrese de que la próxima vez actuará así y no de otro modo.

Capítulo 3

Delimitación de objetivos

Cómo saber qué deseo es el más importante

Antes de que sus deseos se cumplan debe saber, naturalmente, qué es lo que usted quiere. Cuanto más preciso sea su objetivo, más seguro y completo será el éxito.

El primer paso para clarificar los deseos consiste, simplemente, en ser consciente de ellos. Escriba cada uno en una ficha y póngalos sobre la mesa de modo que tenga una visión de conjunto. A continuación, aparte los deseos menos importantes uno tras otro. Vaya dejando las fichas descartadas en un montoncito hasta que sólo le quede una sobre la mesa, que será la que, en este momento, constituye el deseo más importante para usted.

Hasta ahora sus fuerzas estaban dispersas en numerosos objetivos. A partir de ahora deberá concentrarse exclusivamente en un deseo. Al recuperar la energía dedicada a todos los demás, podrá dirigir todos sus empeños e imaginación a esa única meta.

¿Perjudica su deseo a otras personas?

Cuando formule un deseo, tiene que estar seguro de que su cumplimiento va a satisfacerle profundamente. Si sólo pretende conseguir «un poco» de cada cosa, sin estar plenamente convencido, su deseo no tendrá suficiente fuerza para hacerse realidad. Deberá, por tanto, sentir un deseo ardiente de alcanzar verdaderamente esa meta. Éste tiene que estar siempre apremiándole en la conciencia, ya que sólo así tendrá suficiente «carga» para materializarse. Pregúntese una y otra vez: ¿Es lo que realmente quiero? Pero también: ¿Es justo que lo quiera? Analice si la consecución de su deseo perjudica a una tercera persona. En principio, una persona sólo debe pretender aquello que es capaz de alcanzar sin dañar a otros o a sí mismo. Ésta es la premisa moral que su deseo no puede violar.

Por ejemplo, es muy lícito que desee ascender en su empresa y llegar a jefe de departamento. En principio, siempre existe la manera para que la persona que ocupa ahora ese puesto obtenga también un ascenso, de modo que el cambio suponga una ventaja para los dos. En ningún caso debe querer que un compañero sea despedido para así ocupar su cargo. Este deseo no sólo sería inmoral, sino que también acabaría perjudicándole a usted. Los malos deseos siempre se vuelven contra la persona que los genera. Cuando alteramos interesadamente el orden natural de las cosas para obtener algún beneficio nos cargamos de energía negativa que, posteriormente, según la ley del karma, vamos a tener que «expiar» para volver a estar en armonía con el universo.

En ese sentido, el ejercicio mental es un sistema autorregulador. Nos protege de su abuso, puesto que los deseos abiertamente destructivos no tienen ningún efecto. Por lo demás, la vida siempre encuentra una manera para advertirle que ha transgredido el orden natural, de modo que pueda restaurar nuevamente la armonía. Hagamos lo que hagamos, nunca debemos alterar el orden cósmico persiguiendo, únicamente, fines egoístas.

Siempre hay personas que, consciente o inconscientemente, se hacen daño a sí mismas o, lo que es peor, se lo infligen a otras. Obrando así quebrantan la armonía del universo y acarrean, automáticamente, con las consecuencias negativas. El uso egoísta o desconsiderado de la fuerza creativa resulta siempre pernicioso, lo que no significa que no podamos aprovechar esta energía para fines materiales. La fuerza creativa también puede usarse a ese efecto, si bien es mucho más eficaz cuando se emplea para crecer espiritualmente, y así formar parte de la humanidad del futuro.

Por lo tanto, hay un camino correcto y otro incorrecto. El segundo implica buscar el propio bienestar a expensas de otras personas. Aquel que, sin pensar en los demás, sólo esté interesado en materializar deseos egoístas, comprobará que la realización de los mismos no le aporta la satisfacción que esperaba. Éste es el caso de la historia que explico a continuación.

Un ejemplo de deseo injustificado

Un joven empleado se vio obligado a casarse porque su novia estaba embarazada. Sólo podían permitirse un piso pequeño, ya que su mujer había tenido que abandonar su trabajo a causa de su embarazo. Es fácil suponer, por tanto, que la pareja iba bastante justa de dinero. La mujer, por ejemplo, tenía que lavar toda la ropa del bebé a mano porque no tenían lavadora. Sin embargo, el sueño del marido no era otro que comprar un automóvil deportivo, que, aunque era de segunda mano, costaba mucho dinero.

En cuanto el joven oyó hablar del ejercicio mental, deseó con todas sus fuerzas –ciego ante sus verdaderas necesidades– librarse de su viejo automóvil y obtener el dinero en metálico. Se esforzó infatigablemente para alcanzar ese objetivo. Las primeras semanas no obtuvo ningún resultado, pero no cesó en su empeño, y siguió practicando el ejercicio mental para lograr su fin.

Un tiempo después, tras discutir una mañana con su mujer, tomó el auto para ir al trabajo completamente encolerizado. Debido al exceso de velocidad, en una curva se salió de la carretera y se estrelló contra un árbol.

De acuerdo con su deseo, logró deshacerse de su viejo automóvil, que fue declarado siniestro total, pero estuvo a punto de perder la pierna a causa de una complicada fractura ósea, además de sufrir una conmoción cerebral. Tuvieron que operarle la pierna dos veces. Esto supuso una larga estancia en el hospital, por lo que estuvo mucho tiempo de baja.

La compañía pagó el sueldo del empleado hasta su restablecimiento pues, dado que el accidente había tenido lugar en su camino hacia el trabajo, se trataba de un accidente laboral. Sin embargo, pronto quedó patente que el joven padre de familia no podría seguir desempeñando su trabajo. El seguro le indemnizó, por tanto, con la misma cantidad que costaba el automóvil que tanto había deseado. Su sueño se cumplió, ¡pero a qué precio!

¿Qué nos enseña la historia del joven empleado? Las causas de su desgracia se esclarecen sorprendentemente si observamos la vida de esta persona. Las expondré de forma muy simple:

- **Se equivocó en el objeto de su deseo.**
  ¡Seguro que una lavadora era más necesaria!
- **Su deseo era egoísta.**
  En consecuencia, había contravenido la ley de «No perjudiques a otros». ¡No sólo somos responsables de lo que hacemos, sino también de lo que dejamos de hacer por el bien de los demás!
- **Su automóvil se salió de la carretera.**
  El destino le advirtió que se había equivocado de camino. Se estrelló frontalmente contra un árbol, por lo tanto, chocó con la naturaleza.
- **Tuvieron que operarle la pierna derecha.**
  En el lenguaje del destino significa: «¡Así no puedes seguir!». O también: «Estás totalmente equivocado y has tomado la dirección errónea».
- **Como consecuencia, sufrió una conmoción cerebral.**
  Así pues, tuvo un sólido «estímulo para reflexionar», una ocasión para revisar a fondo su concepción de las cosas.
- **Conducía con exceso de velocidad.**
  Quería obtener el automóvil deportivo con demasiada rapidez, a pesar de que había cosas más importantes.

- **No obstante, su deseo se cumplió.**
  Se había aplicado concienzudamente para ello y, por lo tanto, obtuvo los resultados esperados. Se deshizo de su viejo automóvil, como era su deseo, y cobró la suma de dinero que costaba el deportivo.

Deje que su subconsciente decida lo que es mejor para usted

Tenga en cuenta que es imposible reconocer siempre y en todas las situaciones las distintas conexiones que se producen en la vida. Por esta razón, cuando busque pareja, un nuevo empleo o un piso, es aconsejable escoger con una mentalidad abierta. No se empeñe en conseguir una determinada persona, ni un piso o puesto de trabajo en concreto. Es preferible desear simplemente aquello que le conviene, sin atenerse a características fijas. Déjese guiar por su subconsciente. Seguro que le conducirá por el camino adecuado, encontrando lo que es mejor para usted.

El objetivo en sí debe estar delimitado, pero sin poner restricciones de antemano para la materialización de dicho deseo, ya que con ello el campo de acción del subconsciente quedaría limitado. Por lo tanto, concéntrese siempre en encontrar la pareja, el piso o el empleo adecuado, aunque todavía los desconozca.

Una ventaja adicional de un planteamiento tan abierto es que de este modo no se vulneran los intereses de otras personas y, así, se evitan las consecuencias negativas.

Estudie con detenimiento cuáles son sus verdaderos deseos

Conozco a una joven de veinticinco años que sufrió poliomielitis en su infacia y, desde entonces, tiene que andar con muletas. Esta persona intentó superar su minusvalía con la ayuda del ejercicio mental y de un tipo de curación espiritual. Su esfuerzo y tesón en ese sentido fueron encomiables, ya que no se dejó abatir en ningún momento. Por este motivo, no es de extrañar que tras unos dos meses de práctica aparecieran ya los primeros progresos. Sólo necesitaba una muleta para caminar, y comenzó incluso a dar algunos pasos sin valerse de ninguna de ellas. Era de esperar que su curación fuese sólo cuestión de tiempo.

Sin embargo, un día esta joven se puso a pensar hasta qué punto cambiaría su vida si se curaba completamente: podría, por ejemplo, volver a practicar deporte o ir a bailar con sus amigas. Y, no obstante, se dio cuenta de que su nueva situación también implicaría tener que acabar los estudios y buscar trabajo, ya que dejaría de percibir la pensión que le pagaba el estado y que le garantizaba una vida libre de preocupaciones.

En el fondo no estaba preparada para afrontar esta nueva situación y empezar a mantenerse por sí misma. En los días siguientes, su estado empeoró rápidamente hasta que no quedó ni rastro de los progresos alcanzados durante las últimas semanas. ¿Qué había sucedido? La respuesta es que el deseo de esta mujer era otro muy diferente al de sanar completamente. Para ella era mucho más importante no tener que procurarse el sustento diario. Dicho de otro modo, su deseo de curarse no era lo suficientemente fuerte como para renunciar a las ventajas de las que disfrutaba. El ejercicio mental, simplemente, hizo realidad el deseo más intenso desde el momento en que tomó conciencia de ello.

En definitiva, es importante que antes de formular un deseo nos aseguremos de que estamos preparados para asumir el éxito. Hay que pensar en las consecuencias que acarreará la realización del deseo y si está dispuesto a aceptarlas.

La persona que interiormente no desea trabajar no encontrará trabajo por mucho que recurra al ejercicio mental, ya que en el fondo de su ser prefiere hacer otras cosas. La que desprecia a los demás tampoco obtendrá nuevos amigos con este método, ya que en realidad prefiere estar sola. Hay multitud de ejemplos sobre personas que no pueden alcanzar el éxito pese a esforzarse, ya que éste entra en conflicto con otros intereses que son más importantes para ellas.

Si usted quiere triunfar, tendrá que concentrar toda su energía mental en un sólo deseo. ¡Ésta es una condición indispensable para el éxito! Sólo así podrá, con ayuda del ejercicio mental, hacer realidad su deseo.

Ejercicio 2. Delimitación de deseos

- Escriba cada uno de los deseos o metas que se ha planteado en una ficha distinta y, a continuación, extienda todas las fichas sobre la mesa.

- Decida qué deseo es el menos importante y apártelo. Vaya descartando las fichas de la misma manera, dejándolas en un montoncito. Al final sólo debe quedar una ficha sobre la mesa. En ella está escrito el deseo más importante para usted en estos momentos, el que va a merecer toda su atención. Guarde el resto de las fichas. Tan pronto como se cumpla el primer deseo, podrá acometer el siguiente. Para identificarlo deberá seguir el mismo procedimiento que hemos explicado.

- Ahora tiene una tarjeta delante de usted en la que está anotado un deseo que actualmente es prioritario. Ha apuntado el objetivo con sus propias palabras, lo que resulta suficiente para el estadio en el que nos encontramos. Más adelante le explicaré cómo puede resumir de manera óptima su deseo para emplear esta fórmula en el ejercicio mental.

- ¡Olvídese de los demás objetivos! Es imprescindible que dirija toda su concentración hacia uno en concreto. Borre cualquier otro objetivo de su conciencia; ya se ocupará de ellos más adelante, cuando haya cumplido con su prioridad. ¡A partir de ahora sólo cuenta un único y gran deseo!

~ Entrenamiento mental

- Analice mediante preguntas concretas si su deseo cumple las condiciones indispensables para que pueda hacerse realidad:

  Primera pregunta. ¿Es éste realmente el deseo que usted ansía ver cumplido? Formule la pregunta de otra manera si es necesario. No limite el deseo determinando los pormenores, concédale suficiente espacio para su realización. ¡Su subconsciente le ayudará a encontrar lo que necesita!
  Segunda pregunta. ¿Desea de todo corazón alcanzar este objetivo? ¿Ha pensado ya en todas las consecuencias que comportará su realización?
  Tercera pregunta. ¿Ha apartado del camino todos los deseos que podrían entorpecer el cumplimiento de su objetivo?
  Cuarta pregunta. ¿Está seguro de que la realización de su deseo no perjudica a otras personas?
  Quinta pregunta. ¿Tiene esta meta una prioridad absoluta dentro de la jerarquía de sus deseos o existe otro asunto que debería resolver con anterioridad?

Capítulo 4

Motivación y pensamiento positivo, los pilares del éxito

El entusiasmo es decisivo

Si quiere conquistar una meta con toda seguridad, deberá primero cerciorarse de que su motivación es lo suficientemente fuerte como para vencer todos los obstáculos. La motivación es una de las condiciones indispensables para conseguir el éxito. Sin ese acicate nadie puede progresar. Si mientras está cociendo el pan apaga el fuego del horno, es decir, desactiva su fuerza motriz, la «masa de sus deseos» no subirá y, al final, obtendrá un pan a medio hacer que será incomestible. Por lo tanto, si verdaderamente quiere alcanzar su objetivo, el principal requisito es que tenga siempre encendido el fuego del entusiasmo.

Todas las personas que han triunfado tenían una motivación basada en el placer e interés que experimentaban por su materia. De todos los factores que intervienen en el éxito, el entusiasmo es fundamental. Aquel que está convencido de la utilidad de su trabajo, tanto para él como para los demás, llevará a cabo su tarea con entusiasmo. Por lo tanto, si usted toma conciencia de que el cometido que tiene que realizar en este momento es precisamente lo que la vida exige de usted, se aplicará a ello con las fuerzas necesarias para que su proyecto tenga éxito.

Si usted desempeña su trabajo con gusto, dejará de verlo como un «trabajo» y pasará a ser una oportunidad para realizarse. De esta forma encontrará un sentido a su actividad y le resultará fácil llevarla a cabo. Si además tiene interés por su tarea, no habrá obstáculo que pueda impedirle poner rumbo hacia su meta lleno de entusiasmo. ¿Cuál era la motivación que impulsaba a los antiguos inventores y descubridores a llevar a cabo sus proyectos? A menudo padecían la burla y la incomprensión de sus contemporáneos. A pesar de eso, en ellos podía más el ardiente interés que tenían por su empresa, la pasión que les empujaba a llevar a la práctica su sueño. Gran parte de su éxito se debe a esta visión de sus objetivos. Si usted acomete su deseo con entusiasmo, puede estar seguro de que el éxito llamará a su puerta.

Para ello, debe asumir desde ahora mismo que su meta es tan urgente e importante, que ningún contratiempo va a desviarle de su camino. El ejercicio mental no está concebido para que usted esté de brazos cruzados esperando resultados. Será usted quien, con su propio esfuerzo, se labre el éxito. No obstante, hay técnicas que sirven para aumentar su motivación y su capacidad de resistencia. Siga, por lo tanto, estos principios:

- **Sustituya los planteamientos negativos por otros positivos.** La motivación basada en planteamientos negativos desgraciadamente sigue siendo un medio/herramienta/instrumento muy común para «aumentar el rendimiento». Quién no ha sufrido amenazas del tipo: «¡Si no traes a casa mejores notas, te quedarás sin paga!», o capitulaciones como: «¡Si no apruebo el bachillerato este año, no podré salir nunca de este trabajo!». La lista de motivaciones negativas no tendría fin. Y sin embargo hay algo que resulta del todo evidente: este tipo de presión no sólo dificulta la tarea innecesariamente, sino que además pone en peligro el éxito.

Logrará mejores resultados si invierte los términos, es decir, si no se concentra en las consecuencias que tendría un fracaso, ya que con este planteamiento es más fácil que fracase. Imagínese, en cambio, alcanzando su meta.

- **Prémiese si lo merece.**
Concédase de vez en cuando una recompensa, si ha cumplido una de sus metas o si ha superado una etapa en el camino hacia su objetivo. El premio tiene que ser, de cualquier modo, proporcionado y sólo cuando haya hecho un progreso importante.
- **Establezca etapas para lograr el objetivo.**
Si usted se ha fijado una meta difícil de alcanzar, deberá empezar fijando varias etapas para su consecución. Cada etapa conquistada será la prueba de que se halla en el camino correcto y le animará a seguir avanzando. Si pretende acometer directamente un objetivo muy complicado, corre el peligro de perder la paciencia y, finalmente, la motivación. En cambio, si usted comprueba que puede cubrir cada etapa del camino, se sentirá alentado y pondrá aún más empeño en su empresa. ¡Nada estimula tanto como el éxito!
- **Escoja una persona como modelo.**
Es más fácil aprender y trabajar cuando se tiene un ejemplo a imitar. Por este motivo se usan tanto los modelos para la educación. Busque, por lo tanto, un personaje al que usted admire e imítelo. Puede elegir una característica de esa persona, la que quiere aplicarse a usted. Tenga siempre en la mente su modelo y compárese con él. La identificación es un punto esencial de la técnica de la «imagen fija», que consiste en visualizarse a uno mismo alcanzando la meta. Los modelos constituyen, en este sentido, un estímulo excelente para alcanzar un objetivo.
- **Aproveche las extraordinarias posibilidades de la técnica de la autohipnosis.**
Con la ayuda de la autosugestión puede «programar» en su subconsciente determinadas motivaciones, de modo que pasen a formar parte de su personalidad.

Ahora ya conoce los primeros pasos importantes del ejercicio mental. Ha aprendido cómo puede concretar sus deseos y reforzar su motivación. Sin embargo, antes de pasar a la práctica, le será de utilidad familiarizarse con las leyes mentales básicas que rigen el ejercicio mental.

Aproveche el poder creativo de la mente

Si observa a las personas que le rodean y a usted mismo, comprobará que pocas personas están completamente satisfechas con sus circunstancias personales. Es una costumbre extendida el ver la felicidad como algo que depende de las circunstancias o condiciones en las que uno se halla. En consecuencia, muchas personas confían en que un golpe de suerte va a cambiar su situación y viven, por tanto, en una continua espera.

Es importante comprender lo antes posible que nuestros deseos y objetivos seguirán incumplidos mientras dejemos su realización en manos del destino o de terceras personas. Por lo general, nos cuesta aceptar la propia responsabilidad en el éxito o fracaso de nuestros proyectos. Sólo nosotros podemos cambiar nuestro destino.

Cada día tomamos decisiones, imaginamos situaciones hipotéticas, recordamos algunos acontecimientos y borramos otros de nuestra conciencia. Somos infatigablemente creativos. Cada uno de nuestros pensamientos y acciones tiene incontables consecuencias. Un sabio dijo en una ocasión: «Cuando decido tirar una piedra desde este lado del océano, provoco un movimiento que algún día llegará a la otra orilla en forma de ola». Este hombre había descubierto que hasta el más pequeño de nuestros actos produce un sinfín de consecuencias, muchas veces cuando y donde menos lo esperamos. Nosotros creamos la causa de todo efecto que influye en nuestra vida. El origen, en cualquier caso, es siempre el mismo: nuestro pensamiento.

Nunca se hace nada que antes no hayamos realizado mentalmente. Primero existe la idea y luego se materializa. Empezamos construyendo «castillos en el aire», jugamos con los pensamientos; acto seguido intentamos trasladarlos a la realidad.

Tenga siempre presente que todo lo que es visible procede de lo invisible, es decir, lo «real» procede siempre de lo imaginario. Lo visible en el fondo no es otra cosa que contenidos mentales que hemos plasmado en la realidad.

Por lo tanto, si existe un modo de transformar conscientemente nuestra vida, éste tendrá su punto de partida en un único lugar: el pensamiento.

Cada persona debería ser dueña de sus pensamientos ya que, valga la redundancia, los pensamientos con los que no conseguimos acabar pueden acabar con nosotros. ¡Si no regimos nuestros pensamientos, ellos nos van a controlar! Muchas personas, sin embargo, ni siquiera son conscientes de que se puede controlar los pensamientos. Este desconocimiento tiene su origen en que la mayoría de las personas no se ocupan suficientemente de sí mismas. Y, sin embargo, todo el mundo tiene la posibilidad de apartar un pensamiento o de agotar su contenido, o lo que es lo mismo: aceptarlo.

Cuando especulamos con nuestros pensamientos se va formando, paulatinamente, una imagen acabada, una idea clara que exige su materialización. Estas ideas son nuestro principal estímulo para actuar y transformarnos. Si leemos la biografía de los grandes personajes de la historia, veremos que éstos tuvieron siempre presente su cometido, que se expresaba a través de todos sus actos hasta lograr su realización.

Usted debe proceder de la misma manera: aférrese inalterablemente a la idea de su proyecto –que debe imaginar de la forma más plástica posible– y los pasos necesarios para su materialización surgirán por sí solos de su subconsciente.

El poder de nuestro pensamiento está directamente relacionado con la energía que «invertimos» en él, y con el espacio que proporcionamos a los impulsos creativos; por eso debemos concentrarnos positivamente en nuestros deseos. El pensamiento también gobierna los sentimientos.

Los bloqueos mentales como el miedo, la preocupación, las dudas o los sentimientos de inferioridad, en especial el sentimiento de no merecer el éxito, obstaculizan decisivamente el despliegue de nuestra capacidad creativa. El pensamiento positivo «voy a hacer esto y aquello» a menudo va precedido del pensamiento negativo «sí, pero ¿qué pasa si no lo consigo?». De esta manera, lo único que logramos es que nuestros pensamientos se neutralicen entre ellos, por lo que echamos a perder nuestra energía.

Así como cada éxito tiene su origen en los pensamientos y emociones positivos, las ideas y sentimientos negativos son la causa de nuestros fracasos, dificultades y desgracias. A menudo, actuamos contra la realización de nuestros deseos, dejándonos dominar por visiones negativas de la realidad. Por consiguiente, para triunfar hay que empezar despejando el camino de cualquier concepción pesimista o destructiva que pueda acompañarnos.

Las personas triunfadoras que tanto admiramos, porque parece que lo hayan conseguido todo sin esfuerzo y, pese a su actividad frenética, siguen estando llenos de energía, nunca se detienen ante la idea de que sus empresas pueden fracasar. Sencillamente se ponen a trabajar con audacia y confianza en sí mismos. Los pensamientos y sentimientos negativos no tienen ningún efecto en ellos, ya que llevan a cabo sus proyectos con el convencimiento de que van a llegar a buen puerto. Naturalmente, son conscientes de que el éxito no llegará sin trabajar. Adopte este enfoque de las cosas como modelo y así también podrá triunfar en sus objetivos personales.

Seguro que ha oído decir alguna vez que cualquier tarea es menos difícil una vez la hemos comenzado. ¿Por qué es así? La respuesta es muy sencilla: cuando se trabaja intensamente no hay tiempo para pensar en las dificultades y peligros que se pueden presentar. Uno sólo puede concentrarse en lo que está haciendo en aquel momento. No queda tiempo ni lugar para el pensamiento negativo, y el trabajo sale adelante con facilidad.

Si toda su energía fluye en la realización de su trabajo, si piensa de manera positiva y constructiva, se habrá liberado ya de la mitad de la carga: el miedo al fracaso. ¡Rompa de una vez por todas con los pensamientos negativos! ¡Querer es poder!

Concentre toda su energía en la realización del deseo

Una idea viva y detallada de la situación una vez alcanzado el objetivo es condición necesaria para su realización. Sin embargo, también hay otros factores que contribuyen de manera decisiva a la materialización del deseo.

- **La voluntad como fuerza motriz.**
  Una inquebrantable voluntad de éxito nos pone en una disposición óptima para alcanzar la meta que nos hemos propuesto y, por lo tanto, nos acerca considerablemente a nuestro objetivo. Puede que la voluntad no mueva montañas, pero da vigor a nuestros esfuerzos y nos ayuda a perseverar. Cuanto más fuerte y decidida sea su voluntad de obtener algo, más rápido y contundente será el éxito.
- **La disposición óptima.**
  El proyecto que se haya fijado no debe diluirse en el torrente cotidiano de pensamientos y deseos. Para lograr su propósito tienen que acompañarle en todo momento su esfuerzo, inteligencia y valor. Si el deseo acude a menudo a su mente con claridad e intensidad, su motivación para superar los posibles obstáculos se reforzará. Para que su deseo se haga realidad, éste tiene que empujar constantemente al subconsciente para que se decida a actuar.
- **La intensidad de la idea.**
  La experiencia ha demostrado que una imagen viva del deseo queda fijada más fácilmente en el subconsciente que una estática. Reproduzca mentalmente su proyecto en forma de una breve «película» o escena fácil de retener, dótelo de movimiento. Perciba siempre esta escena con los cinco sentidos. Experimente

cómo se siente en su nueva casa o trabajo. Imagínese el entusiasmo con el que inicia el nuevo cargo. ¡Anticipe la satisfacción del triunfo! Déjese arrebatar por la sensación de realidad del sueño cumplido.

- **La convicción inquebrantable.**
  Crea firmemente que su deseo va a materializarse. Debe estar totalmente convencido de que su objetivo se halla a su alcance. No basta con esperarlo, ¡debe creerlo! La fe mueve montañas, dice la Biblia. Cuando Jesús atendía a enfermos que imploraban su curación, él les preguntaba: «¿Tú crees?». Una vez producida la cura, Jesús no les decía: «¡Te he curado!», sino que afirmaba modestamente: «Tu fe te ha ayudado».
- **La esperanza imperturbable.**
  Desde lo más profundo de su ser tiene que esperar con convicción absoluta que aquello que debe suceder, sucederá. Jesús preguntaba a los menesterosos: «¿Tú crees?», pero aquellos a los que ayudaba no sólo creían en su inmenso poder, sino que verdaderamente esperaban que les iba a ayudar. La firme convicción de que todo sucederá conforme a los deseos de uno debe asumirse con esperanza imperturbable.
- **La alegre perseverancia.**
  Cada vez que acuda a su mente la idea de su proyecto debe sentir una excitación como si estuviera a punto de alcanzar su meta, como si el deseo fuera a cumplirse en cuestión de minutos. Toda su atención y sus sentidos tienen que estar imbuidos de este convencimiento. Cuanto mayor sea su esperanza, más atención y energías dedicará a su proyecto.
- **La recomendación de guardar el secreto.**
  Seguro que ha oído alguna vez que hay que mantener en secreto el deseo que se formula cuando se contempla una estrella fugaz. El hecho de callar nuestros deseos más profundos no es una simple superstición. Con ello garantizamos que el cumplimiento del deseo no se frustrará debido a los comentarios de otras personas. Si no revelamos nuestro deseo, nadie podrá advertirnos de que nuestro propósito es imposible. Sin estos co-

mentarios negativos, el proyecto irá adquiriendo energía día a día, impulsándonos hacia su cumplimiento.

Controle su pensamiento y dominará su destino

El ser humano ha aprendido a dominar muchas cosas en el transcurso de su evolución: la electricidad, las máquinas y computadoras, lo más grande, lo más pequeño; pero no ha sabido gobernar algo mucho más cercano: él mismo. No obstante, si se quiere progresar es necesario aprovechar al máximo los recursos de cada uno para afrontar las exigencias de la vida. La mente es comparable a un paracaídas: sólo es útil cuando se despliega.

Los pensamientos siempre instan a ser materializados. Podemos aprovechar esta circunstancia en nuestro beneficio, pero no debemos olvidar que, con el poder de nuestros pensamientos, también aumenta nuestra responsabilidad sobre todo lo que pensamos. Si tuviéramos èl don de materializar inmediatamente todas nuestras ideas, no sería extraño que una de ellas fuera la causa de un accidente o de nuestra propia muerte. Por lo tanto, debemos agradecer que nuestras facultades mentales requieran de un cierto tiempo para su manifestación. Antes de disponer óptimamente del poder insospechado de nuestra mente tenemos que ser capaces de gobernar nuestros pensamientos. Sin esta premisa no estaremos en condiciones de llevar a la práctica nuestros deseos y moldear el futuro a nuestro gusto. Este tipo de disciplina es la clave que nos dará acceso al lugar donde se esconde el tesoro de nuestra vida.

Los pensamientos gobiernan las acciones. Al actuar de una determinada manera con cierta frecuencia, ésta acaba convirtiéndose en un hábito. Nuestros hábitos marcan, a su vez, nuestro carácter, y éste configura nuestro destino. Por lo tanto, son los pensamientos los que originan las situaciones y determinan nuestro destino. Sólo cuando aprendamos a manejar adecuadamente nuestros pensamientos o ideas, podremos asumir el mando de nuestra propia vida.

Por lo demás, la eficacia del pensamiento depende, en gran parte, de la capacidad para ver realizados mentalmente los deseos y de la convicción de que se van a cumplir. Sólo si se dan estas dos condiciones podrá cumplir su propósito. En cambio, si puede imaginarse alcanzando la meta, pero le falta la convicción, no logrará su objetivo. Si sus expectativas sobre la meta a conquistar son falsas o desmesuradas, tampoco le servirá de nada creer en el éxito, ya que estará tratando de materializar una idea imperfecta o que puede ser perjudicial.

Sólo si confluye una imagen totalmente positiva del deseo cumplido y el convencimiento de su realización, su pensamiento tendrá suficiente fuerza como para conducirle hasta su meta. La eficacia de su pensamiento depende directamente de su confianza y de la fuerza de su convicción.

Esfuércese, por lo tanto, en albergar siempre pensamientos positivos sobre el futuro, y no permita que nada haga vacilar su fe en el éxito. Ambas premisas son los principios distintivos de una persona con el alma triunfadora.

El pensamiento y las emociones influyen en la salud

Imagínese que sus pensamientos y sentimientos son magnéticos o eléctricos. En cualquier caso no son escenas imaginarias vacías de forma. Las últimas técnicas han logrado hacer visibles los impulsos cerebrales en un monitor.

Cada pensamiento y emoción que experimentamos desencadena ondas magnéticas y eléctricas que recorren nuestro organismo, llegando a incidir en los átomos y moléculas celulares. Por esta razón, la calidad de nuestros pensamientos y emociones repercute inmediatamente en las células. Podemos decir que nuestro cuerpo es el «espejo del alma».

Existe una teoría que relaciona los sentimientos con ciertos órganos. Siguiendo esta creencia, el aspecto físico de una persona o las enfermedades que ésta padece revelarían las tendencias que dominan en su pensamiento y emociones. Las personas agresivas, por ejemplo, tendrían un color de piel, una expresión en el rostro y una postura corporal, así como otras enfermedades, distintas a las de las personas pasivas y tímidas.

Parece evidente que existe una estrecha relación entre nuestra vida emocional y la calidad de nuestros pensamientos. Ciertas emociones que se originan en nuestro pensamiento repercuten en determinados órganos y glándulas del cuerpo, que segregan unas determinadas hormonas en el torrente sanguíneo. Estas hormonas, a su vez, inciden en nuestro estado de ánimo. Por lo tanto, nosotros mismos, como seres pensantes, somos, en cierto grado, responsables de nuestro estado físico y mental.

Esta opinión también la comparte el médico y científico ruso N. Romen, quien, después de un dilatado trabajo de investigación, ha llegado a la conclusión de que no existe medicina o terapia más efectiva que la autosugestión. Según su opinión, la mejor manera de preservar la salud, pero también de restablecerla, es confiar en la capacidad autocurativa de nuestro organismo. Esta capacidad se refuerza visualizando imágenes positivas de nuestros órganos en proceso de regeneración.

Por lo tanto, nuestros pensamientos y emociones, cuya calidad podemos determinar, influyen de manera decisiva sobre nuestro estado de salud. Con cada pensamiento o emoción desatamos una serie de consecuencias que pueden ser positivas o negativas, y que atribuimos equivocadamente al destino o al azar. No existe duda alguna: cada ser humano puede crear y superar su propio destino.

Tan pronto como aprenda a aprovechar consciente y adecuadamente la fuerza con la que le ha dotado la naturaleza podrá cambiar sus circunstancias personales según su gusto. La única herramienta necesaria para esta transformación se encuentra en su interior.

Para obtener una «imagen» clara de la incidencia que tienen los pensamientos y emociones en el estado físico puede emplearse un aparato de *biofeedback*. Este aparato registra hasta la más pequeña alteración en el tono muscular, el corazón, el sistema circulatorio y la resistencia eléctrica de la piel. También muestra de modo visual o acústico si nuestro cuerpo está en estado de alerta o bien se encuentra relajado y en equilibrio.

Si usted se conecta a este aparato e imagina que se incendia la habitación, la aguja comenzará a oscilar indicándole que su organismo se ha puesto en estado de alerta. Cualquier pensamiento sobre una situación crítica se refleja en nuestro estado físico.

Si reproduce, en cambio, una escena de sus últimas vacaciones, por ejemplo, tumbado en la playa totalmente relajado y de buen humor, observará cómo la aguja del *biofeedback* apenas se mueve. Su organismo recibe de inmediato la imagen placentera y reacciona en consecuencia: la actividad cardíaca y circulatoria se reduce, así como la resistencia de la piel y el tono muscular.

En este ejemplo queda demostrado que cada uno de los pensamientos influye en todas las células de nuestro cuerpo, por lo que nuestro estado físico y mental depende en gran medida de cómo sean éstos. En consecuencia, el control del pensamiento es la auténtica clave para dominar nuestro destino.

Sólo usted decide sobre su vida

Procure, por su propio bien, que haya siempre un vigilante en la puerta de su mente que sólo deje entrar y salir lo bueno. Sólo así logrará que su vida dé un giro positivo.

Sólo tenemos una vida, por lo que no podemos dejarla en manos del azar. No espere que suceda un milagro mientras usted está cruzado de brazos. Los milagros sólo ocurren si nosotros los provocamos. Hágase este planteamiento: hoy empieza su futuro, ¡hoy puede empezar de cero! Todas las oportunidades que ha soñado están a su alcance. No actúe como la mayoría de las personas, que se deciden a vivir cuando ya es demasiado tarde. Independientemente de que usted sea rico o pobre, o de cuáles sean sus circunstancias personales, la calidad de sus pensamientos va a determinar el éxito o fracaso de su vida futura. Usted decide si quiere pensar positiva o negativamente.

Si carece de algo, no lo achaque al destino inevitable al que está sometido. Las carencias tienen su origen en pensamientos equivocados que impiden aprovechar todo aquello que la vida ofrece. Incluso la pobreza es, a menudo, consecuencia de falsas convicciones. Puede indicar que a la persona afectada le falta valor. El que avanza con paso decidido y asume el control de su destino también triunfa en el plano material.

Un componente importante de la disciplina mental es, además del pensamiento positivo, la desactivación de «programas» mentales nocivos. La mejor manera de anular estos contenidos es sustituirlos por sugestiones y hábitos constructivos. Es improbable que podamos eliminar estos mecanismos mentales perjudiciales simplemente bloqueándolos, puesto que parte de nuestra personalidad se sustenta en estas actitudes erróneas. Los sentimientos negativos a menudo se refuerzan aún más cuando tratamos de reprimirlos.

Sólo logrará desactivar eficazmente estos «programas» que le coartan si sustituye sus posturas y expectativas negativas por otras positivas, y se esfuerza constantemente en visualizar el éxito con sus mejores galas. Si actúa así, todos los pensamientos dañinos se irán diluyendo con el tiempo y podrá disfrutar de una nueva vida acorde a sus deseos.

Capítulo 5

Aspectos técnicos del ejercicio mental

Desarrolle un ritual para las sesiones

Cada meditación y oración –rezar también es meditar– exige el cumplimiento de ciertas formas. El que quiera meditar debe primero adoptar una postura corporal adecuada y regular su respiración. Naturalmente, una sesión de meditación también puede organizarse de un modo más libre, pero la mayoría de los maestros recomiendan seguir ciertos rituales para asegurar el éxito y utilidad de la experiencia.

Del mismo modo, el ejercicio mental puede practicarse a cualquier hora y en cualquier lugar y postura. Sin embargo, una persona no se relaja ni se concentra por igual en todas las situaciones. Nadie intentaría, por ejemplo, entrar en un estado de profunda relajación mientras va en bicicleta.

Por lo tanto, me dispongo a proponerles unos sencillos preparativos que han probado ser útiles y eficaces en muchas escuelas de meditación.

Las reglas y consejos que voy a describir, y que son válidos prácticamente para cualquier forma de meditación o trabajo espiritual, han demostrado asimismo su efectividad con el ejercicio mental.

Por lo tanto, es interesante que les preste la máxima atención, ya que van a determinar en buena medida el éxito de las sesiones. Antes de sumergirse en la práctica del ejercicio mental debería observar estos cuatro puntos que refiero a continuación.

- **Practique el ejercicio mental diariamente a la misma hora.** Es recomendable que la práctica diaria del ejercicio mental sea a una hora determinada. La principal ventaja es que el subconsciente se acostumbrará a este ritmo mostrándose más receptivo y dispuesto a «colaborar» a esta hora del día. Una vez el ejercicio mental se asiente en su vida diaria, el mismo subconsciente le recordará que tiene que practicar.
  Escoja una hora que pueda mantener cada día. En ese momento del día debe estar totalmente libre de presión, ya que toda su atención tiene que dirigirse al ejercicio mental. Asegúrese de que nada ni nadie le interrumpe durante la sesión. Comunique a sus familiares la hora que se ha fijado para practicar y procure que haya el menor ruido posible. Es importante que elija una hora en la que no esté demasiado cansado. De lo contrario, correría el riesgo de no tener suficiente energía para concentrarse, o bien de adormecerse en el momento de máxima relajación.
- **Escoja el lugar adecuado.**
  Practique el ejercicio mental en un lugar donde se sienta a gusto y esté a salvo de ruidos de cualquier clase. Ponga una luz suave, o simplemente encienda una vela. Debe crear una atmósfera cálida y relajante. Es importante ventilar la sala antes de cada sesión, de manera que tenga suficiente oxígeno a su disposición. No lleve ropas que le aprieten y quítese el cinturón si lo lleva. ¡Nada tiene que presionarle!
- **No practique con el estómago lleno.**
  Existe la idea de que «con la barriga llena no se estudia bien», y es verdad. Esto, naturalmente, también se aplica al ejercicio mental. No obstante, si hace demasiadas horas que no hemos comido, el hambre también puede impedir que nos concentre-

mos adecuadamente. Lo ideal es tomar un pequeño refrigerio antes de empezar la sesión. El mejor momento para practicar es durante la noche antes de acostarse, ya que los deseos que se formulan pasan directamente al subconsciente (sin embargo, tenga en cuenta lo que hemos señalado en el primer punto). Si practica el ejercicio en horario nocturno, en cualquier caso, es preferible que no cene en exceso, ya que, de esta manera, se dificulta, de manera innecesaria, tanto el sueño como el ejercicio de concentración.

- **Ritualice el desarrollo del ejercicio.**
El subconsciente es muy sensible a las atmósferas solemnes o a la repetición de rituales. Por este motivo, es interesante que lleve a cabo los pasos previos al ejercicio mental como un ritual, de manera que el subconsciente «sepa» que ésta es una práctica especial, especialmente dirigida a él, y que requiere toda su atención. Desarrolle, por ejemplo, una determinada serie de movimientos exclusivos para las sesiones de ejercicio mental. Es importante que esta práctica constituya un acto solemne diferenciado de la rutina cotidiana. Usted puede elegir aquellos rituales que le parezcan más adecuados, aquí tiene algunos ejemplos:

~ Llevar siempre una determinada indumentaria, como un kimono, para las sesiones.
~ Lavarse la cara y las manos antes de empezar con la práctica del ejercicio, siguiendo el mismo rito de la ceremonia de purificación sufí.
~ Hacer una o varias reverencias, como signo de humildad, ante la fuerza.
~ Empezar la práctica con algún tipo de oración.
~ Disponer de una alfombra o jarapa para efectuar el ejercicio mental, sea de pie, sentado o tumbado.
~ Teniendo presente el modelo de la ceremonia japonesa del té, se puede beber una taza de esta infusión siguiendo un ritual prefijado.

La mejor postura para sentarse es la del faraón

Usted puede elegir libremente la postura corporal para practicar el ejercicio mental. No obstante, todas las disciplinas espirituales coinciden en una cosa: durante la meditación o cualquier otro ejercicio espiritual la columna vertebral debe estar lo más recta posible, de manera que no se interrumpa el flujo de energías sutiles en el cuerpo.

Cada una de las distintas posturas tiene ventajas y desventajas. Tumbarse es muy apropiado para el ejercicio mental si no se hace sobre una superficie demasiado blanda. No obstante, para esta postura es imprescindible que la persona esté muy despierta. De lo contrario, existe el peligro de que se relaje tan profundamente que se duerma en la sesión, lo cual es fácil que suceda por la noche.

Una postura clásica que facilita el ensimismamiento es la postura del diamante o sobre los talones del budismo zen. El meditador se arrodilla y apoya los glúteos sobre los talones. Esta postura puede resultar bastante dolorosa para aquellos que no estén familiarizados con el yoga o la meditación. Si usted está habituado a esta posición puede practicar de este modo.

Si, en cambio, le parece incomoda, lo más aconsejable es que adopte la postura del faraón, que se parece a la recomendada por el neurólogo berlinés Johannes Heinrich Schultz para los ejercicios de autorelajación, la llamada «postura del cochero». En este caso, el único requisito es que la espalda y la cabeza estén rectas. Se practica sentado en una silla de respaldo recto. En esta postura, la columna vertebral debe estar recta pero relajada; la cabeza estará igualmente recta y las manos descansarán relajadamente sobre los muslos ligeramente separados. La altura del asiento ha de ser la misma que la longitud de las pantorrillas del practicante, de modo que éstas queden verticales y los muslos totalmente perpendiculares respecto a ellas. Toda la planta del pie debe descansar sin esfuerzo sobre el suelo.

Cuando practique la postura del faraón comprobará que bastan unos milímetros de desviación para saber que no se está sentado correctamente. Según un dicho budista sería: «Sólo con apartarse un pelo del loto, la tierra se desintegra». Mueva el cuerpo hacia adelante y hacia atrás hasta que encuentre el equilibrio perfecto.

No sea demasiado exigente al principio. Hasta la postura más sencilla requiere de una cierta práctica. Para empezar será suficiente con sentarse relajadamente. Haga tantas pausas como sea necesario y no se desespere si su resistencia no va más allá de algunos minutos.

La posición de su cuerpo revela su visión de sí mismo

Existe una relación directa entre la postura de nuestro cuerpo y nuestro estado mental y carácter. Las personas débiles y sin iniciativa raramente caminan erguidas y, al contrario, a las personas dinámicas y emprendedoras no suelen colgarles los hombros.

La imagen que tenemos de nosotros queda reflejada en nuestro aspecto externo. Dicho de otra manera, nuestra imagen delata la actitud que tenemos ante la vida.

Sin embargo, la visión de nosotros mismos no acaba en nuestra postura corporal, sino que también incide en nuestro estado mental. Normalmente, se aconseja a las personas miedosas o deprimidas que se pongan rectas y respiren profundamente. Esto se debe a que la posición del cuerpo también repercute en el estado de ánimo. Por eso resulta muy beneficioso aprender a controlar y corregir. El mundo se ve de otra manera cuando estamos erguidos, postura que indica una posición mental y espiritual llena de confianza. Las personas tímidas y acomplejadas pueden experimentar un cambio sorprendente si adoptan una postura corporal que les otorgue dignidad. Si alguien es retraído, verá las cosas de otra manera si se abre corporalmente al mundo.

Al estar erguidos, no entorpecemos la función de los pulmones y recibimos más oxígeno. Procure respirar en esta posición;

comprobará cómo al rato se siente más fresco y relajado que antes. Esfuércese, por lo tanto, en mantenerse erguido en todo momento. Su salud y su humor se lo agradecerán.

Aprenda a relajarse

Antes de empezar con el ejercicio mental propiamente dicho, debe estar física y mentalmente relajado. Sólo en un estado de profunda relajación podrá adquirir una conciencia creativa, es decir podrá dirigir toda su atención al objetivo que se ha propuesto alcanzar con el ejercicio mental.

Tanto la tensión como la relajación son estados naturales. El ritmo de vida actual concede, sin embargo, más importancia a la tensión. Precisamente por eso es importante que «trabajemos» para relajar profundamente nuestro cuerpo, de modo que nuestra armonía quede restaurada.

A continuación se describen algunos ejercicios que le permitirán relajarse física y mentalmente siempre que quiera. Existe toda una serie de ejercicios distintos concebidos para este fin. No se desanime si al principio necesita invertir mucho tiempo para relajarse, pues los resultados le compensarán con creces. Una vez domine los ejercicios, podrá realizarlos en unos segundos como preparación para el ejercicio mental.

En realidad, la tensión corporal y mental no pueden separarse. Antes de abordar las técnicas de relajación corporal, es importante señalar la importancia que tiene la relajación mental y espiritual. La eficacia del ejercicio mental depende directamente de la concentración con la que se practica. Las emociones negativas como la duda, el miedo o las preocupaciones merman en gran medida el poder de concentración. Libérese de cualquier carga mental o emocional mientras se relaja. Debe deshacerse de cualquier pensamiento o emoción destructiva que interfiera en la práctica. Para triunfar es imprescindible que canalice toda su energía en su objetivo sin que nada le perturbe.

Para aumentar su poder de concentración mientras se relaja puede imaginar que su cabeza va vaciándose lentamente. El espacio liberado se llena de luz blanca y pura o, si le resulta más convincente, de un negro profundo y tranquilizador.

Observe cómo todas las ideas y sentimientos se alejan de su mente, y experimenta una arrebatadora sensación de paz infinita. Una vez haya alcanzado un estado de serenidad mental, le será más fácil relajarse físicamente.

Hay muchos métodos de relajación distintos. A continuación, referiré los más importantes.

Gimnasia especial

Si usted padece de tensiones en el hombro y en la zona de la nuca, le resultará muy beneficioso practicar una serie de ejercicios correctivos para destensar estas áreas antes de iniciar el ejercicio mental. Esta gimnasia, sin embargo, no debe provocarle fatiga.

Para empezar, estire todos los músculos y tendones. Se trata sencillamente de realizar movimientos amplios y fluidos.

A continuación, gire los brazos hacia delante y hacia atrás. Haga un movimiento circular en ambas direcciones, primero con los hombros y luego con las caderas. Seguidamente, levante los brazos en horizontal y hágalos girar de izquierda a derecha y a la inversa, manteniendo los pies firmemente asentados en el suelo. Luego incline el tronco hacia delante hasta donde pueda llegar.

No se fuerce intentando bajar el tronco lo máximo posible, es preferible dejar que éste cuelgue hacia delante sin aplicar ninguna fuerza, ya que, de lo contrario, puede hacerse daño. Se trata de no forzar la postura. Regrese lentamente a la posición horizontal y destense las piernas «sacudiéndolas», primero una y luego la otra.

Acabe la sesión gimnástica destensando los músculos del cuello. Mueva la cabeza hacia el pecho y hacia la nuca alternativamente, y luego de izquierda a derecha hasta rozar cada uno de los hombros.

Repita este ejercicio unas cuantas veces y efectúe finalmente un movimiento circular con la cabeza en ambas direcciones.

Relajación muscular progresiva

La relajación muscular progresiva es un método basado en la tensión sistemática de determinadas partes de los músculos de todo el cuerpo. Para ello se contrae cada uno de ellos durante unos segundos, destensándolos a continuación. Cada ejercicio puede repetirse para reforzar su efecto. La sensación de relajación que se obtiene es comparable al cansancio y pesadez que se experimenta después de un trabajo físico duro.

Empiece por la mano derecha y prosiga con el brazo derecho, luego pase a la mano y brazo izquierdos, a continuación contraiga las piernas, los glúteos, el estómago y la espalda, los hombros, y los músculos del cuello y del rostro. Tense cada músculo tanto como pueda y manténgalo así durante unos siete segundos. Acto seguido, deje de ejercer fuerza en el músculo. Es importante destensar cada parte del cuerpo de golpe, ya que una distensión progresiva no tiene los mismos efectos positivos.

Para terminar, sacuda a conciencia todo el cuerpo, visualizando mentalmente cómo el cuerpo se relaja.

Movimiento pendular del cuerpo

Póngase de pie con la espalda y la cabeza erguidas. En esta posición, incline el cuerpo lentamente hacia delante hasta donde consiga llegar sin perder el equilibrio. A continuación, incline el cuerpo lentamente hacia atrás. Siga con este movimiento pendular hacia delante y hacia atrás, ejecutando cada vez movimientos más pequeños y cambiando su dirección, de manera que termine balanceando el cuerpo lateralmente.

Prosiga el ejercicio con un movimiento pendular de derecha a izquierda. Reduzca cada vez más la amplitud del balanceo. A continuación, haga girar todo el cuerpo alrededor de un punto central, primero en el sentido de las agujas del reloj y luego en el sentido opuesto. Trace cada vez círculos más pequeños, hasta el punto que un observador externo no pueda percibir movimiento alguno. Una vez quieto, permanezca unos instantes en este punto medio. Disfrute de la tranquilidad de haber encontrado su propio centro.

Este ejercicio es especialmente recomendable para aquellas personas que quieran conseguir armonía interior.

A continuación enumeramos una serie de ejercicios que le serán muy útiles para relajasarse y liberar la tensión tanto física como mental.

Contar hacia atrás

Si no está muy familiarizado con los métodos de relajación, la cuenta atrás puede ser un buen ejercicio. Le permitirá alcanzar un estado de relajación corporal y mental óptimo en las situaciones más comprometidas.

~ Acomódese sobre alguna superficie que no sea demasiado blanda y cierre los ojos.
~ Cuente lentamente hacia atrás desde el cien hasta el uno, haciendo cada dos números unos dos segundos de pausa.
~ Procure, en la medida de lo posible, visualizar mentalmente cada número.
~ Concéntrese en todas las cifras. De esta forma llegará al primer nivel de relajación: el estado alfa.
~ Mientras está contando, se puede potenciar la relajación dirigiendo los ojos, con los párpados cerrados, hacia la raíz de la nariz. Esta posición ocular estimula en el cerebro la producción de ondas alfa.

Este método le permitirá entrar en el estado alfa al primer intento; no obstante, tendrá que practicar algunas semanas si quiere profundizar dicha situación mental hasta llegar al estado theta. Si durante diez días ha contado del cien al uno, después bastará con contar del cincuenta al uno. Pasados otros diez días, será suficiente si cuenta del veinticinco al uno, luego del diez al uno y, finalmente, del siete al uno.

Cuando haya llegado a este nivel y sólo necesite contar del siete al uno, podrá pasar a la relajación con colores que se describe en el siguiente apartado.

Relajación con colores

Este tipo de relajación consiste en imaginar siete colores determinados, relajando con cada uno una parte de su cuerpo. Para una completa relajación, debe seguir con su ojo interno esta serie de colores: rojo-naranja-amarillo-verde-azul-lila-violeta.

Comience imaginando un rojo intenso y reluciente, la sensación de color debe ser lo más intensa posible. Retenga esta imagen entre treinta segundos y dos minutos. A continuación, cambie el rojo por el naranja. Al pasar de un color a otro debe repetir la fórmula habitual en los ejercicios de autorelajación: «las piernas me pesan como si fueran de plomo, cada vez las siento más pesadas, y notó cómo una sensación de calidez me recorre las piernas».

Sólo con formular estas palabras ya se obtiene un efecto relajante; los colores potencian todavía más dicha sensación. Cada color le conducirá mentalmente a un nivel de relajación más profundo, hasta llegar al último, el violeta.

Si tiene la impresión de que con este ejercicio no obtiene ningún resultado, puede deberse a que usted ya haya estado anteriormente en el estado alfa sin haberse dado cuenta. Si ése es su caso, siga practicando esta técnica de relajación para llegar a estadios más profundos.

El recorrido del cuerpo

La mejor manera de practicar este ejercicio es estirado, ya que así puede relajar sin problemas todos los músculos del cuerpo. Procure que la columna vertebral, el cuello y la cabeza estén bien rectos, en posición horizontal. Para ello es importante que no practique sobre una superficie demasiado blanda.

Dirija toda su atención a su brazo derecho. Recorra mentalmente el brazo hasta llegar al pulgar. Concéntrese en el pulgar hasta el punto que sólo lo perciba a él, destacado absolutamente del resto del cuerpo. Cuando haya logrado fijar toda su atención en el dedo pulgar, empiece a relajarlo mentalmente. Perciba todos los músculos que lo integran y desténselos conscientemente.

Desplace ahora su atención al siguiente dedo y proceda con él de la misma forma. Recorra así todo el cuerpo. Si a usted le cuesta relajarse, éste puede ser un buen método para aliviar la tensión de cada uno de los músculos.

Al principio, puede que le resulte difícil sentir una determinada parte de su cuerpo de forma aislada. No obstante, con la práctica, logrará hacerlo sin esfuerzo alguno.

La escalera mecánica interna

Inmediatamente después de este recorrido por el cuerpo puede dejarse llevar, sin cambiar de posición, por la «escalera mecánica imaginaria».

La mayoría de las personas pueden imaginarse una escalera mecánica sin ningún problema; ésta es la razón por la que he elegido esta variante. Otra posibilidad es figurarse que se baja en ascensor.

Cierre los ojos e imagine que está descendiendo lentamente en una escalera mecánica. Durante el recorrido todas las emociones y pensamientos molestos se quedan arriba, al principio de la escalera, por lo que a medida que baja se va apartando de ellos, sintiéndose más relajado. Al llegar abajo empieza otra escalera mecánica que le lleva a una profundidad aún mayor, la cual le sumirá en un estado de relajación todavía más intenso. Siga descendiendo, una escalera tras otra, hasta que no pueda bajar más y haya alcanzado una relajación completa. Permanezca entonces donde está. Cuanto más abajo haya llegado más profundamente relajado estará. La imagen de la escalera mecánica es especialmente adecuada para liberar las tensiones diarias.

Respiración *hong-soh*

Una de las técnicas de relajación más conocidas es la respiración consciente. No es casualidad que el yoga, la meditación o las artes marciales concedan tanta importancia a este tipo de ejercicio.

Uno de los ejercicios básicos para relajarse física y mentalmente es la observación de la respiración. Para ello lo único que tiene que hacer es dirigir su atención a la respiración, sintiendo cómo el aire entra y sale. Ponga toda su concentración en la respiración, ya que su objetivo es aquietar los pensamientos y emociones centrándose en un punto.

Una técnica especial en este sentido es la respiración *hong-soh*. Consiste en imaginar que al inspirar oímos interiormente el sonido «hong...». Inspire lentamente, prolongue este sonido tanto como pueda, pero sin fatigarse. Al espirar debe escuchar interiormente el sonido «soh...» durante tanto tiempo como se lo permita su capacidad pulmonar.

Este ejercicio tiene varias ventajas: por un lado cada uno puede alargar estas sílabas hasta donde quiera. Este sonido que se percibe interiormente es particularmente relajante y tranquilizador. Por otro lado, ambos sonidos ayudan a respirar más lenta y profundamente, lo que tiene un efecto inmediato en el proceso de relajación.

La combinación *hong-soh* es, al mismo tiempo, un mantra que, mediante su repetición, puede acercar al meditador a la iluminación. Por lo tanto, favorece de manera importante el crecimiento personal del que lo pronuncia. En cualquier caso, estas sílabas sirven al pensamiento de punto fijo al que «sujetarse». Cada vez que surja un pensamiento perturbador, el practicante puede regresar al sonido *hong-soh*.

Flujo de calor

El flujo de calor, técnica básica de la autorrelajación, no constituye únicamente un medio de relajación acreditado, sino que además permite aligerar tensiones localizadas en el estómago y la cavidad torácica.

A modo de preparativo, imagínese que está dentro de una bañera de agua caliente. Éste es un buen ejercicio de imaginación, puesto que tiene que sentir cómo los suaves movimientos del agua acarician su piel y el calor se apodera de todo su cuerpo. Una vez haya logrado reproducir esta sensación con intensidad y sienta físicamente el calor del agua, podrá pasar al flujo de calor propiamente dicho.

Imagínese al inspirar que una agradable sensación de calor recorre todo su pecho. Al espirar, note como este calor fluye lenta y continuadamente hasta llegar al vientre y a la pelvis.

Perciba en cada respiración cómo el calor pasa alternativamente del pecho al vientre. La respiración debe ser cada vez más lenta, de manera que la corriente de calor que fluye en usted se ralentice. Realice este ejercicio primero con los ojos cerrados y luego con los ojos abiertos, de modo que más adelante pueda practicarlo donde y cuando quiera.

El flujo de calor no le ayudará a alcanzar un estado de relajación muy profundo, pero puede resultarle muy útil para relajarse en cualquier lugar.

La capacidad de relajarse es especialmente importante para que el ejercicio mental sea un éxito. Por lo tanto, practique regularmente la técnica que resulte más adecuada para usted, aunque la que ofrece mejores resultados una vez se domina es la relajación con colores. Tómese en serio esta práctica, ya que para las técnicas del ejercicio mental que vamos a tratar en adelante es imprescindible saber relajarse profundamente.

Resérvese cada día un tiempo determinado para el ejercicio mental y no pierda de vista los consejos para optimizar las sesiones que hemos ofrecido anteriormente.

La capacidad de concentración como condición indispensable

El secreto de la concentración consiste, tal como indica la palabra, en concentrar toda la energía en un punto. Dicho en otras palabras, dirigir toda la atención a algo en particular.

En principio, nuestra conciencia no puede abarcar más de un pensamiento al mismo tiempo. Lo que denominamos falta de concentración es la incapacidad de pensar continuadamente sobre cualquier materia durante un tiempo determinado. Dicha incapacidad puede tener numerosas causas: asociaciones que nos importunan, sentimientos que se presentan espontáneamente, confusión o, simplemente, falta de interés. Sin embargo, la concentración es una facultad que puede ejercitarse, dado que es comparable a un músculo que se atrofia si no se usa. Realmente, hay muy pocas personas que sepan aprovechar óptimamente todas sus potencialidades.

Cada máquina o instrumento complicado tiene su correspondiente manual de instrucciones que explica cómo sacar partido de todas sus posibilidades. No obstante, para el «instrumento» más complejo que conocemos, la mente humana, no existe un «manual de instrucciones». Aún así, la mayoría de las personas se dan por satisfechas con las prestaciones que les ofrece su cerebro. Sin embargo, el ser humano no sólo ha sido concebido para aprovechar parte de su capacidad, sino que puede y debe desarrollar todas sus facultades mentales.

Si desea incrementar su capacidad de concentración tendrá que aprender de entrada a fascinarse por la actividad que esté realizando. Normalmente, no nos cuesta prestar atención a aquello que nos gusta. Si desempeñamos nuestras obligaciones con un espíritu positivo y sensible, nuestra capacidad de concentración se verá incrementada notablemente. Por eso es tan importante que todo lo que llevemos a cabo lo hagamos a gusto. Si su actividad profesional le llena y la desempeña con placer, el resultado de su trabajo será mucho más satisfactorio. Al fin y al cabo, toda actividad tiene aspectos fascinantes., lo único que hay que hacer es encontrarlos.

Si vive su trabajo como si fuera una carga, éste acabará por convertirse en eso. En consecuencia, deberá cambiar de inmediato la concepción que tiene de su propia actividad para hallar en ella nuevos alicientes.

Trate de contemplar su trabajo como:

~ Vacaciones activas.
~ Meditación dinámica.
~ Vía de autorrealización.

~ Un medio de ampliar el conocimiento.
~ Ejercicio de concentración.
~ Un regalo.

Mientras trabaja, repítase de vez en cuando el lema: «Cuanto más tiempo paso trabajando, más feliz y fresco me siento».

A continuación, se proponen una serie de ejercicios de concentración que han demostrado ser muy eficaces.

Contemplación de un punto

Este ejercicio puede ser de gran utilidad para potenciar su concentración y fijar el pensamiento únicamente en su objetivo. Es una técnica muy efectiva que se practica habitualmente en el yoga y en otras disciplinas espirituales.

Dibuje un punto negro en una papel y fíjelo en la pared a la altura de los ojos. Aléjese uno o dos metros de la pared y, sentado en una silla, mire fijamente el punto. Relájese tanto como pueda, intentando siempre mantener la columna vertebral bien recta.

Centre toda su atención en el punto negro, manteniendo la relajación. Debe fijar los ojos en esa dirección sin que ello suponga un esfuerzo. Simplemente mire el punto negro.

Cada vez que le asalte algún pensamiento o emoción desagradable, reconduzca su atención al punto en la hoja de papel. También puede imaginar que entre usted y el punto hay una conexión especial mental/espiritual –como un rayo de luz que transcurre entre usted y la pared–. Cada pensamiento que se apodera de usted, cada emoción, es absorbido por ese rayo transformándose en concentración.

Este ejercicio le permitirá incrementar paulatinamente su capacidad de concentración. Sin embargo, su duración debe ajustarse al tiempo que usted es capaz de mantener la atención sin forzarse. Practique varias veces al día, si así lo prefiere. Lo ideal es realizar sesiones de diez minutos. Repita este ejercicio hasta que consiga concentrarse totalmente en ese punto. Entonces los pensamientos ya no podrán mermar su concentración.

Los expertos afirman que la contemplación de un punto no sólo estimula la concentración, sino que también reduce las tensiones y refresca la mente. Ésta es la razón por la que este ejercicio es recomendable para cualquier persona que quiera meditar.

Lectura lenta

Tome cualquier texto y empiece a leer. No se limite a echar una ojeada a las palabras, que es lo que solemos hacer. Debe leer con suficiente lentitud para percibir cada sílaba del texto. Concéntrese en cada una de las sílabas y espere a que cada palabra provoque una reacción en su interior antes de pasar a la siguiente. No quiera correr con el pensamiento o la mirada. Dedique entre tres y cinco segundos a cada grupo de letras. Le resultará más fácil leer el texto a media voz o en voz alta, para favorecer la concentración.

Es posible que su intelecto se rebele contra este ejercicio y le presione para que lea más rápido, que es a lo que está acostumbrado. Siga el ejercicio con voluntad de hierro. Al cabo de uno o dos minutos ya notará los primeros signos de relajación. Este estado se estabiliza tras unos cinco minutos y favorece su capacidad de concentración.

Apertura de dedos

El ejercicio de la apertura de dedos se basa en un principio similar. Coloque el puño sin apretar sobre la mesa de manera que el interior apunte hacia usted. A continuación, abra el puño y extienda cada uno de los dedos, pero tan lentamente que el movimiento resulte imperceptible.

Empiece con el pulgar y luego haga lo mismo con los demás dedos, procediendo siempre de uno en uno. Es imprescindible que, en todo momento, parezca que no se produce movimiento alguno. De no ser así, tendrá que volverlo a intentar empezando desde el principio.

Observe la posición de su mano en todo momento. Cuando todos los dedos estén extendidos, vuelva a cerrar la mano siguiendo el mismo procedimiento.

Contar lentamente

Cuente lentamente del uno al cien. Concéntrese dos o tres segundos en cada cifra antes de pasar a la siguiente. Durante el ejercicio debe evitar cualquier otro pensamiento que no sea ese número. Si surge algún obstáculo tendrá que volver a empezar desde el principio.

No se desanime si en los inicios sólo consigue llegar hasta cinco o diez. A medida que vaya progresando aumentará su capacidad de concentración. Cuando logre contar hasta veinte o treinta, significará que ya puede concentrarse bastante bien; si consigue contar hasta cincuenta sin interrupciones, su capacidad será notable. Cuando llegue a contar fluidamente hasta el cien, su capacidad de concentración será simplemente perfecta.

Visualización de recuerdos

Si su nivel de actividad le impide llevar a cabo los ejercicios descritos anteriormente, puede potenciar su concentración en cualquier momento que le ofrezca la rutina diaria. Por ejemplo, puede reproducir mentalmente un escaparate que haya mirado recientemente, o bien una cara conocida.

Si ha escogido un rostro familiar, intente visualizar con precisión la expresión de los ojos, las arrugas de la cara, la posición de los dientes y otros detalles. Si es un escaparate, deberá recordar qué objetos se exponían y la manera en que estaban dispuestos, las etiquetas con los precios y la iluminación.

Practique asimismo con escenas en las que haya estado presente, tratando de recordar todos los detalles.

Fijación en la raíz de la nariz

Las técnicas clásicas orientales de meditación recomiendan al practicante que fije la mirada interior en la raíz de la nariz. Este ejercicio visual es muy recomendable para destensar los músculos de la cara.

Los maestros de yoga aseguran que esta posición de los ojos ayuda a mantener alejados los pensamientos negativos.

Cerrar los ojos

Para la mayoría de personas es mucho más sencillo concentrarnos con los ojos cerrados. Sin embargo, hay individuos que alcanzan un nivel de concentración más profundo si mantienen los ojos abiertos.

En principio, debe practicar de la manera que le resulte más cómoda y efectiva. Los manuales, normalmente, recomiendan cerrar los ojos para evitar que los estímulos externos distraigan la concentración del practicante.

La consecución de la paz interior perfecta

Una de las finalidades básicas de todas las disciplinas espirituales es alcanzar la paz interior. Los occidentales, más orientados hacia la razón, suelen tener verdaderas dificultades para llegar a este estado. Haga usted la prueba: intente por unos momentos no pensar en nada ni experimentar emoción alguna. Lo más probable es que lo logre por un espacio muy breve de tiempo, si es que lo consigue. Con razón los maestros de zen hablan de los pensamientos como «una horda de monos desbocados» que siembran de confusión nuestra mente.

No obstante, es un error asumir que estamos en manos de los pensamientos y no podemos hacer nada para evitarlo. Muchas personas piensan que no tienen influencia alguna sobre ellos, dado que los pensamientos –que siempre van acompañados de sentimientos– parecen surgir y desaparecer espontáneamente. Sin embargo, y como estamos comprobando, el control de éstos es sólo cuestión de práctica. Las personas que nunca se han esforzado sistemáticamente en poner disciplina en su pensamiento no deben extrañarse de que su mente, y con ello su vida emocional, sea un caos sin orden ni concierto.

Los mejores ejercicios de concentración son los que promueven la paz interior. Procure, por tanto, alcanzar este estado varias veces al día, aunque sea por espacios cortos de tiempo. Tanto si está en el tren o en la pausa para tomar café, intente por unos momentos ser el dueño de su pensamiento.

Una regla básica para alcanzar la paz interior es, simplemente, no oponer resistencia a los propios pensamientos y emociones. No puede obligarlos a desvanecerse pero, en cambio, usted puede encerrarse en sí mismo. Acepte sus pensamientos y emociones, pero sin aferrarse a ellos deje que se marchen por el mismo lugar por donde han venido.

Otra posibilidad es imaginar cómo «salen de usted». Sitúese mentalmente dos pasos alejado del lugar donde está y observe su conciencia como si estuviera fuera de ella. Entonces comprenderá que esos sentimientos pasajeros no forman parte de su verdadero yo, y que el centro de su personalidad existe independientemente de la actividad de su pensamiento.

También puede imaginar que observa su cabeza desde arriba, como si su cerebro fuera un engranaje de complicados mecanismos. Ponga mentalmente el interruptor en «stop» y visualice cómo toda esta maquinaria va reduciendo su movimiento hasta detenerse completamente. Siente ese momento en el que sucumbe a la paz interior.

Una práctica tradicional del yoga y otras disciplinas orientales consiste en figurarse que los pensamientos son nubes que pasan por el cielo. Usted percibe estas nubes «internas», pero no trata de retenerlas ni de ahuyentarlas. Evita cualquier conflicto con sus pensamientos y emociones, simplemente los deja pasar. Si una de estas nubes se resiste a marchar, dígale sencillamente: «¡Ahora no! Ya me ocuparé más tarde de ti».

Para disfrutar de paz interior lo único que debe prevalecer es el vacío absoluto de la conciencia.

También puede imaginarse que tiene una «goma» con la que borra todos los pensamientos y emociones que le importunan. ¡Una vez borrados ya no molestan más!

Si usted es capaz, por decirlo de algún modo, de refugiarse en sí mismo, hallará una fuerza en su interior que fluye por todo el universo. Su ser formará una sola cosa con esta fuerza, ya que se habrá liberado de todo lo superfluo. En este estado puede experimentar la armonía absoluta con el universo.

Utilice los ruidos molestos para profundizar en la concentración

Hay una anécdota curiosa sobre Ram Dass, un filósofo y líder espiritual americano. Los miembros de su grupo de meditación eran interrumpidos frecuentemente por una sirena de bomberos que solía dispararse durante las sesiones de meditación.

Ante la observación irritada de uno de los discípulos, Ram respondió lo siguiente: «El ruido de esta sirena no es otra cosa que una forma de energía que Nueva York pone a nuestra disposición para que podamos trabajar con ella».

En cuanto el grupo asumió este punto de vista, les resultó mucho más fácil concentrarse y meditar pese al ruido ambiental; la sirena hacía la función de desencadenante de un grado de relajación y concentración más profundo. Este ejemplo viene a decir que los ruidos no son molestos en sí mismos, ya que forman parte de la vida, al igual que otras impresiones sensoriales.

Si durante su sesión de ejercicio mental irrumpe algún ruido que le molesta, puede reaccionar de dos maneras diferentes. Buscando un remedio, por ejemplo, comunicando a su familia que no desea ser molestado durante la meditación; o diciéndose a sí mismo durante la relajación: «cada ruido incrementa mi capacidad de concentración y me conduce hasta mi objetivo».

Utilice los ruidos como desencadenante de un estado de concentración más profundo. No trate de oponer resistencia ante estas «intromisiones», sino más bien figúrese que es transparente. Pronto podrá refugiarse tan profundamente en sí mismo que nada ni nadie podrá distraerlo.

Concentre sus energías como si se tratara de un rayo láser

En los *Vedas* (libros sagrados primitivos de la India) se afirma que el universo carece de existencia material concreta, puesto que nosotros lo percibimos de manera arbitraria a través de nuestros sentidos. Estas antiquísimas escrituras hablan de Maja, que simboliza el espejismo del mundo aparente (que más adelante se representó como una belleza cubierta con un velo). La ciencia occidental también ha reconocido en su búsqueda del principio de la materia que la substancia no existe por sí misma, y que este mundo aparente es básicamente la interacción de distintas energías.

Tal vez estos preceptos ancestrales y las hipótesis científicas le resulten todavía incomprensibles. Puede que le resulte difícil asumir que todo lo que existe –mesa, montañas, árbol, animales y hombres–, por muchas formas que adopte, es sólo la expresión de una misma energía; ¡y sin embargo es así!

La palabra «sustancia» en sí transmite una información muy valiosa. Procede del vocablo latino *substantia* y significa «debajo» (*sub*) de «lo que existe» (*stantia*). Por lo tanto, la sustancia es aquello que subyace en una realidad superior. En otras palabras, es la energía de la que procede todo lo que «aparentemente» existe.

Esta energía es omnipresente e inagotable. Sólo necesita expresarse en un acto creativo para estar presente. Todas las personas son creativas, y cada uno de nuestros pensamientos son, en sí, una creación. Cada idea parte de una energía que ya existe y que se transforma hasta darle una forma concreta.

Seguro que usted sabe lo que es realmente el rayo láser: luz de una determinada longitud de onda concentrada en un fino rayo. Su «central de energía» mental trabaja del mismo modo que el rayo láser. Usted tiene un pensamiento, una idea. Esta idea, una vez dotada de sentimiento, es liberada en el flujo de energía cósmica. De este modo, su idea se convierte en deseo, cuyas energías confluyen en el prisma de su mente para alcanzar un objetivo determinado.

De esto se puede deducir que cada pensamiento, al ser creativo, tiende naturalmente a materializarse. La concentración consciente de todas las energías en un «láser de pensamientos» sólo puede dar buenos resultados.

La absorción de la energía cósmica para enfocarla hacia una meta determinada puede representarse esquemáticamente como vemos a continuación.

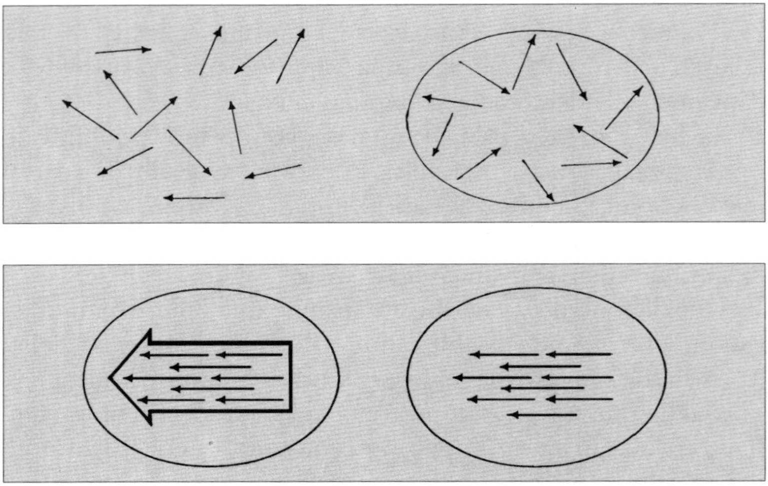

Tal como dicta la ley de la resonancia, todo objeto atrae a su igual. Esto puede aplicarse a un deseo cargado de energía que busca materializarse en el mundo aparente. Si aprendemos a dirigir toda nuestra atención a un único deseo, concentrando en él toda nuestra energía mental y espiritual, lograremos «mover montañas». ¡Un foco de energía es mil veces más efectivo que una energía dispersa!

La esmeralda no puede fundirse ni en el horno más caliente, ya que es uno de los minerales más duros que existen. No obstante, si la introducimos en un cubo de cristal y dejamos que los rayos del sol la atraviesen, en pocas horas se habrá derretido. Del mismo modo, si concentramos toda nuestra energía mental podemos hacer verdaderos milagros.

Cuando leemos un libro fascinante o vemos una película llena de suspense no pensamos en nada más que en aquello que nos ocupa. Esta misma actitud es la que debemos tener al practicar el ejercicio mental: no pensar en otra cosa que no sea el objetivo. Eso no le supondrá ningún esfuerzo, si su deseo es suficientemente importante, puesto que requerirá su atención hasta ocupar toda su conciencia. La premisa es, por lo tanto, que su deseo sea verdaderamente urgente y necesario.

Si en alguna ocasión se ha propuesto realizar algo con esta actitud y no lo ha logrado, probablemente se deba a que el deseo no estaba suficientemente delimitado, o bien a que no lo había formulado y perseguido con energía. Sucede a menudo que los efectos positivos de un deseo o pensamiento quedan neutralizados por una creencia opuesta. Muchas veces la voluntad más firme se echa a perder a causa de las dudas o vacilaciones que irrumpen en la mente. Es evidente que mientras pensemos de manera contradictoria, nuestras ideas y proyectos no tendrán fuerza suficiente para hacerse realidad.

Le propongo a continuación un ejercicio muy sencillo: relájese y preste atención durante unos minutos a lo que está pensando. No deje de preguntarse:

~ ¿En qué estoy pensando?
~ ¿Pienso en lo que deseo?
~ ¿Pienso en aquello que no ansío?

De esta manera clarificará cuáles son los pensamientos que le incomodan y le hacen sentirse mal, para así poderlos sustituir por pensamientos constructivos.

Ejercicio 3. El efecto láser en siete etapas

Tome una hoja de papel y dibuje en el centro un punto negro. Fije esta hoja en la pared de manera que quede a la altura de sus ojos. Cuando todo esté preparado, colóquese en la postura del faraón y cierre los ojos. A continuación, verá enumeradas las siete etapas diferentes por las que va a pasar con este ejercicio.

- ***Delimitación del objetivo.***
  Para saber lo que realmente desea, debe:

  ~ Tomar conciencia de cuáles son sus deseos más importantes.
  ~ Ordenar estos deseos en función de su «grado de urgencia» y dirigir toda su atención al que sea prioritario.
  ~ Formular verbalmente el deseo e imaginarlo mentalmente, sin olvidar la respuesta emocional al verlo cumplido. Sincronizar todo ello en un mismo foco.

- ***Vaciar la mente.***
  Antes de emplear toda la energía en un solo objetivo es necesario deshacerse de todas las emociones y pensamientos molestos. Para lograrlo puede servirse de la contemplación de un punto (*véase página 71*). Ésa es la razón por la que ha fijado la hoja de papel con el punto.

- ***Absorber energía cósmica.***
  Ahora cargue su deseo con suficiente energía cósmica. Puede proceder de la siguiente forma: tome conciencia del gigantesco océano de energía que le rodea y que está a su disposición. Deje que esta energía penetre en usted. Imagine que absorbe la energía como si pasara por un embudo hasta colmar todo su cuerpo, sintiendo la energía como un cosquilleo o calidez.

- ***Visualizar con toda claridad el cumplimiento del deseo.***
  La siguiente etapa consiste en visualizar claramente la emoción que experimenta una vez puede ver realizado su deseo. Esta sensación debe tomar posesión de su conciencia. Para ello tendrá que imaginar la situación de la manera más plástica posible, percibiéndola con los cinco sentidos, como si la estuviera viviendo en la realidad. Simultáneamente, haga «resonar» en su interior las palabras que definen ese estado ideal. Imagen y palabra deben formar una unidad, una realidad ineludible. Ahora ya está preparado para alcanzar su objetivo.

- ***Concentrar en la imagen del deseo todas las energías.***
Una vez haya experimentado intensamente la consecución de su deseo, tendrá que recoger toda la energía cósmica, concentrándola en él. Su mente debe ser como un prisma por el que pasa la energía convirtiéndola en un rayo concentrado y poderoso que hay que dirigir a la imagen del deseo realizado que colma todo su cuerpo.

- ***Dotar de sentimiento el deseo cumplido.***
Mantenga en la conciencia la imagen de su deseo cargada de energía durante cinco minutos. Toda su concentración tiene que estar dirigida a esa imagen, que debe ser lo más clara posible. Simultáneamente, agregará una tercera fuerza: el sentimiento. Siéntase lleno de felicidad y gratitud al ver su deseo materializado. Imbuido del poder del sentimiento, movilice todas las fuerzas que confluyen en la imagen de su deseo para que éste se haga realidad.

- ***«Enviar» a su entorno la imagen del deseo cargada de energía.***
Una vez la imagen mental del deseo cumplido se haya enriquecido con todos los elementos, libérela para que se pueda materializar. Deje que esta energía se expanda en su entorno, de modo que se den las circunstancias propicias para el cumplimiento de su proyecto.

Capítulo 6

Respiración y energía vital

Aprender a respirar correctamente

El ser humano puede subsistir varias semanas sin comer y algunos días sin agua. En cambio, sin el oxígeno necesario sólo puede sobrevivir algunos minutos, en el mejor de los casos. A pesar de esto, raramente reflexionamos sobre la importancia de la respiración. Dado que respiramos unas quince mil veces al día, esta cuestión merece más atención por nuestra parte. Quince mil veces al día el ser humano absorbe nueva energía vital. En vista de esto, es fácil entender por qué es tan importante respirar correctamente. Cuando cometemos un error, por lo general, éste tiene unas consecuencias en nuestra vida que podemos subsanar. Sin embargo, si este error se produce tantas veces al día, las repercusiones van a ser mucho más graves. Por esta razón, todas las tradiciones esotéricas y espirituales, muy especialmente las orientales, enseñan al discípulo a respirar correctamente antes de entrar en materia.

Según la filosofía y las religiones orientales, con la respiración no sólo tomamos oxígeno, sino también energía vital cósmica: el denominado *prana*. Se considera que el *prana* es la fuerza motriz que fluye a través de todos los seres dotándoles de vida. Así como el oxígeno mantiene vivo el cuerpo físico, el *prana* alimenta nuestro cuerpo sutil. Esta energía vital es lo que confiere su inmenso poder curativo a la respiración correcta. Los maestros de yoga afirman, además, que el *prana* alimenta los centros de energía de nuestro cuerpo, los *chakras*, por lo que un cambio cualitativo en nuestro modo de respirar puede transformarnos mental y espiritualmente.

Una prueba de que los procesos mentales y la respiración están relacionados son expresiones habituales como «se me cortó el aliento» o «respira hondo».

La respiración de las personas miedosas y pasivas suele ser superficial e imperceptible, mientras que la de las personas seguras y dinámicas tiende a ser fuerte y profunda. La respiración, sin embargo, no sólo influye en nuestra mente y espíritu, sino que incide asimismo en todo nuestro organismo.

Una respiración profunda (o completa) no llena únicamente parte de los pulmones, sino toda la caja torácica, del diafragma a las clavículas. El hecho de que la mayoría de nosotros hayamos olvidado el ritmo natural de la respiración completa es un claro signo de que hemos perdido el equilibro mental/espiritual y, con él, la armonía corporal.

La manera de respirar de cada persona delata su disposición interna. El que respira correctamente es tranquilo y sosegado, y está en armonía consigo mismo. Por lo tanto, merece la pena aprender la respiración completa. Para facilitar esa tarea, en las siguientes líneas encontrará una descripción de la respiración completa en cuatro pasos.

- **Observe su respiración.**
  Éste es un ejercicio fundamental del yoga o la meditación que precisa constancia por su parte.
  Siéntese o túmbese y observe, totalmente relajado, cómo entra y sale el aire al respirar. Respire a su ritmo normal, sólo debe mantener toda su atención en la respiración. Pronto verá como

este ejercicio le resulta más fácil de hacer, ya que su poder de concentración irá en aumento.

- **Deje que la respiración penetre profundamente en usted.** Una vez haya observado su respiración tal como se indica en el paso anterior, conocerá la profundidad con la que el aire entra en sus pulmones. El siguiente paso consiste en profundizar paulatinamente la respiración. En esta fase es importante no forzarse, dejar sencillamente que el aire penetre en su interior. Su respiración hará por sí misma ese trabajo. Sin embargo, puede servirle de ayuda espirar lo más profundamente posible, ya que si vaciamos totalmente los pulmones, el aire volverá a entrar con más fuerza.
- **Su respiración debe ser uniforme.** En este paso es importante evitar cualquier contracción de los músculos de modo que podamos respirar regularmente. No interfiera, por tanto, en el ritmo respiratorio natural. Deje simplemente que la respiración fluya por sí misma. Puede que al principio note que los músculos de la zona superior pulmonar y de los hombros se tensan. Es totalmente normal si hace tiempo que no ha dilatado los pulmones hasta esa zona. Esta tensión desaparecerá con la práctica. En casos aislados puede ser necesario inspirar primero profundamente para destensar estos músculos. Para este ejercicio es básico que esté totalmente relajado, ya que el ritmo de su respiración debe ser agradable y liberador, nunca forzado.
- **Usted determina la calidad de su respiración.** Con el poder de su imaginación usted puede decidir cómo quiere que sea su respiración. Al inspirar imagine, por ejemplo, que la tranquilidad penetra en su interior. En cada respiración perciba como, junto con el aire, un sentimiento de paz fluye dentro de su cuerpo. Al espirar, en cambio, expulse todas las tensiones que haya acumulado. Puede recrear y diferenciar en su mente la tranquilidad y las tensiones como dos corrientes de distinto color. Éste es un ejercicio fácil de practicar y extraordinariamente efectivo.

La inspiración no sólo puede asociarse a la tranquilidad, sino también a cualquier otro estado o cualidad. Podemos cambiar a nuestro gusto la vibración de la energía vital que respiramos, confiriéndole serenidad, bienestar, vitalidad, energía curativa, confianza, valor, fuerza o cualquier otra cualidad.

Esta práctica de respiración debe durar entre quince y veinte minutos, de modo que pueda recibir su efecto benéfico. A medida que aprenda a respirar correctamente puede prolongar las sesiones tanto como desee, no le hará ningún daño.

Tal vez se sorprenda al notar que puede dirigir su aliento hacia cualquier parte de su cuerpo. Aproveche todo el poder de su imaginación.

Una de las ventajas de este ejercicio es que adquirirá un mayor grado de conciencia de su cuerpo. Con el tiempo experimentará cómo su conciencia puede abarcarlo todo. De esta manera, aumentará su bienestar general y la seguridad en sí mismo.

La respiración dirigida también puede utilizarse para mitigar dolores y curar algunas afecciones o para activar la curación en muchas otras. Sólo debe figurarse que al inspirar penetra en usted una corriente de energía cósmica. Esta energía también puede representarse en forma de luz. Contemple mentalmente cómo sus pulmones se colman de esta luz. Cuando espire nuevamente, dirija este foco luminoso a la parte deseada. Si, por ejemplo, le duele la rodilla, conduzca la energía curativa hacia la zona en cuestión. Poco después experimentará en ese punto un frescor revitalizante o un calor agradable.

Es también perfectamente posible y normal que, al principio, no perciba ningún cambio. Prosiga aplicadamente con la práctica de la respiración curativa, ya que en cualquier caso es efectiva. Pueden realizarse dos sesiones al día de veinte minutos cada una.

Puede incrementar sus efectos beneficiosos imaginando gráficamente al espirar que todos los pensamientos y emociones negativas que han causado la enfermedad salen de su cuerpo. La forma concreta dependerá de la imagen que usted tenga de su enfermedad.

Otro ejercicio de respiración que estimula la conciencia del cuerpo es la «respiración por la piel». Imagínese que al inspirar el aire y la energía vital no sólo penetran en los pulmones, sino también por cada poro de su piel, como si ésta fuera una esponja que absorbe el agua. Si no logra formarse dicha imagen al primer intento, concéntrese primero en una parte de su cuerpo en concreto. Más adelante podrá ir extendiendo el ámbito de respiración por los poros.

Una vez domine esta «respiración por la piel» puede potenciar aún más su efecto, implicando a todas las células de su cuerpo en el proceso. Cada una de ellas inspirará así energía vital y al espirar se verá liberada de las energías negativas.

Los asombrosos efectos de la respiración completa rítmica

Los resultados que se obtienen con la práctica de la respiración completa son realmente asombrosos: parte de las arrugas desaparecen, el color de la cara se vuelve más sano, y lo mismo sucede con la piel del resto del cuerpo. Con la ayuda de determinadas técnicas respiratorias pueden mitigarse los dolores y acelerar el cicatrizado de heridas. Sin embargo, no debe olvidar que los dolores son señales de alarma que nos envía el organismo y, por lo tanto, merecen toda nuestra atención.

No se extrañe si cuando empieza una sesión de respiración curativa los dolores se intensifican. La razón es que en estos ejercicios el practicante se concentra en el punto enfermo, con lo que percibe más claramente la información en forma de dolor. Pasado un rato, experimentará un alivio considerable.

Después de una operación o en el curso de una enfermedad dolorosa, la respiración completa adquiere aún más significación. Si debe guardar reposo, puede aprovechar la oportunidad para activar el poder sanador de su cuerpo. La respiración curativa se fundamenta en la capacidad de absorber energía vital, que normalmente se distribuye por todo el cuerpo, focalizándola en una zona determinada del organismo con fines curativos.

Naturalmente, no es necesario estar convaleciente para llevar a cabo esta terapia. La respiración curativa potencia nuestra vitalidad y nuestra capacidad de trabajo.

Cómo atesorar energía vital

La filosofía y religión hinduistas, como explicábamos anteriormente, denominan *prana* a la energía vital que fluye en la vida y subrayan la relación que existe entre ella y una correcta respiración. De hecho, podemos optimizar la absorción de esta energía mediante ciertas técnicas respiratorias.

Pruebe el siguiente ejercicio: siéntese con la espalda recta y respire lo más profundamente posible. Al mismo tiempo imagine cómo el *prana* se acumula en su cuerpo. Personalmente, cada vez que practico este ejercicio, percibo un fluido fresco que empieza en los pies y va subiendo por mi cuerpo. Pasados dos o tres minutos, siento mi cuerpo totalmente rebosante de esta energía.

Es importante que el practicante tenga una actitud positiva respecto a los resultados que va a obtener. Repítase en voz alta: «La energía vital del *prana* fluye ahora en mi interior. Siento cómo la energía vital penetra en mi cuerpo». Repita esta fórmula hasta que perciba un «cosquilleo» en la nuca o en las palmas de las manos, un «fluido» fresco en la columna vertebral u otro signo de la fuerza.

Puede activar esta corriente de energía de este modo: Inspire profundamente. Al inspirar, levante ambos brazos verticalmente por encima de la cabeza y al espirar bájelos lentamente con los puños cerrados, hasta la altura del pecho. Al inspirar nuevamente vuelva a levantar los brazos y al espirar bájelos una vez más con los puños cerrados, hasta que queden extendidos a la altura del pecho.

Algunas personas prefieren una variante de este ejercicio: doblan los brazos en ángulo, sin apretar los puños, con los antebrazos tocándose entre sí y toman aire. Al hacerlo se dilata la caja torácica y sus puños y codos se separan ligeramente. Con la espiración vuelven a juntar los codos enérgicamente delante del pecho con los puños cerrados. De esta forma se ve incrementado el nivel de energía que se transfiere al organismo.

Independientemente del método que utilice, debe tener una cosa muy clara: la absorción de *prana* siempre debe realizarse en dos pasos. Primero hay que tomar control consciente sobre la respiración, la cual suele ser gobernada por el subconsciente. Por lo tanto, tendrá que empezar respirando más profundamente. Al mismo tiempo debe tener la seguridad de que su energía vital va a aumentar, con lo que su organismo va a salir beneficiado. Este convencimiento hará que el subconsciente, que controla involuntariamente todas las funciones vitales, active el metabolismo no sólo a través de la respiración, sino también de la actividad cardíaca y de la digestión. En suma, estimulando todos los procesos orgánicos esenciales para la vida.

Otra manera de estimular la absorción de *prana* es pensar en una actividad deportiva agotadora (correr, remar, levantar pesas) mientras se respira o incluso esbozar los movimientos de ésta. La sensación de colmarse de energía vital es casi inmediata. Lo importante de este ejercicio es que al imaginar un esfuerzo físico intenso respiramos más profundamente. Esto aumenta el abastecimiento de oxígeno y, por tanto, se sintetiza más glucosa. Recurra siempre a la misma imagen. De esta forma, con el tiempo quedará grabada en el subconsciente, con lo que cada vez que respiremos profundamente reaccionará de manera constructiva. Con esta técnica no sólo aumentará su vitalidad y su rendimiento, sino que también estimulará notablemente el poder de autorregeneración del cuerpo.

La absorción de *prana* mediante la visualización es un aspecto importante del ejercicio mental. Al final de este capítulo se explica con más detalle cómo ejecutar esta práctica. Pero antes de eso, quisiera hacer una pausa en el discurso de este libro. Sin duda, mucha de la información que ya ha leído en este manual le parecerá asombrosa y, si usted tiene un espíritu crítico, puede que incluso le resulte increíble. Resulta muy positivo tener capacidad crítica. Ahora bien, ¡aún es mejor triunfar y ser feliz!

Las técnicas paso a paso que se describen en esta obra son tan sencillas que, como ya dije en el primer capítulo, hasta un niño podría comprenderlas. Ahí reside la única y a la vez gran dificultad, para poner en práctica el ejercicio mental debe convencerse de que con unos medios tan sencillos puede obtener resultados tan sorprendentes.

La solución siempre es fácil. A esto mismo hace referencias el evangelio de san Marcos: «Todo es posible para aquel que tiene fe». Un espíritu crítico quizá no crea en esta aseveración –y no obstante la realidad psicológica de esta enseñanza de Jesús ha cautivado a miles de personas, quienes han conseguido cosas que parecían imposibles precisamente porque tenían esta fe–.

A continuación voy a proponerles un experimento que no requiere grandes explicaciones, simplemente debe llevarlo a la práctica, al igual que he hecho yo y muchas otras personas. Su ejecución es muy sencilla.

Compre dos plantas de la misma especie, preferiblemente con flores, que tengan el mismo tamaño. Cuide en lo sucesivo ambas plantas por igual. Plántelas en la misma tierra, añádales el mismo fertilizante y riéguelas con la misma cantidad de agua. Ponga estas plantas en el mismo lugar de modo que reciban la misma luz. La única diferencia en el cuidado de estas plantas debe ser que usted aportará *prana* a una de ellas, una o varias veces al día. Para ello, antes tendrá que atesorarlo usted mismo, transmitiendo la energía vital a la planta a través de la mano. Bastará con que pose la mano sobre ella y le transmita el *prana* mediante su voluntad.

Como sucede con otras experiencias, al cabo de unas semanas notará que la planta que no ha recibido el *prana* crece de manera normal, mientras que la otra se ha vuelto más grande y bella, y florece durante más tiempo. El *prana* es una energía de la vida cuya fuerza podemos comprobar en otros seres vivos como las plantas.

Ejercicio 4. La carga de energía vital en el deseo

- Acumule la energía vital del prana con la ayuda de estas técnicas hasta experimentar un frescor, calor o cosquilleo en el cuerpo.

- Siéntese en la postura del faraón. Aparte todos los pensamientos y emociones para incrementar su concentración. Durante unos treinta segundos, deje que la paz interior se apodere de usted. Acto seguido, evoque la imagen de su deseo. Dirija toda la energía acumulada a la situación ideal una vez cumplido el deseo, y concéntrese en esa sensación que usted habrá fijado con imágenes y palabras. Mientras sigue respirando serenamente, piense por unos segundos en esa situación ideal, imaginándola de la manera más plástica posible. A continuación, abandone esta imagen antes de que se desvanezca por sí misma, volviéndola a capturar de inmediato para retenerla unos segundos más. Repita este pensamiento latente durante unos minutos, hasta que tenga la certeza de que el trabajo ya ha sido realizado. El acto creativo estará, entonces, terminado.

- Ahora puede estar completamente seguro de que va a ver cumplido su deseo, y debe contemplar y vivir este éxito lleno de felicidad y de gratitud.

- Si ha invertido toda su energía en la imagen de su deseo, es posible que posteriormente se sienta «vacío».

- Puede salir de este estado acumulando nuevamente la energía vital del *prana*, pero esta vez sin «transferirla» a su deseo.

- Una manera de recargarnos de *prana* en caso de necesidad es la llamada «respiración de Lao Tse». Espiramos e inspiramos lenta y profundamente, la siguiente espiración la realizamos en pequeños golpes –como un niño que imita una locomotora–.

~ **Entrenamiento mental**

Con un poco de práctica logrará espirar en treinta impulsos. Este ejercicio está concebido para poder realizarlo en un único ciclo respiratorio.

- Si usted practica este ejercicio reiteradamente, obtendrá el resultado opuesto. Por lo tanto, no debería repetirlo sin dejar pasar unos dos horas. Si se atiene a lo descrito en estas líneas, después de cada «respiración de Lao Tse» se sentirá fresco y despejado.

Capítulo 7

Conciencia creativa y materialización de deseos

Cómo alcanzar el estado de conciencia creativa

El objetivo del ejercicio mental es, en primer lugar, materializar los deseos que usted habrá fijado con imagen y palabras, dotándolos de sentimiento y energía cósmica. Mentalmente reproducimos el cumplimiento del proyecto que nos hayamos propuesto, experimentando la satisfacción anticipada de verlo realizado.

Nuestro intelecto a menudo es un factor perturbador que nos impide materializar estos deseos. Sin embargo, podemos «engañar» a nuestro intelecto asumiendo las medidas que conducen a la materialización del deseo en un estado de conciencia reducida, que en adelante voy a denominar conciencia creativa.

El estado de conciencia creativa se corresponde con los llamados estados alfa y theta, es decir, con una frecuencia cerebral entre siete y catorce hercios (estado alfa) o, aún más profundo, entre trece y medio y siete hercios (estado theta).

Sin embargo, antes de pasar a este estado, puede serle útil recordar una situación agradable que haya vivido recientemente y reproducirla de nuevo mentalmente. De esta forma se preparará para acceder a este estado alterado de conciencia, ya que cuando pensamos en cosas agradables nos resulta más fácil olvidar el estrés y las preocupaciones cotidianas, y así podemos concentrarnos totalmente en nuestra meta.

Si usted ya está relajado, puede entrar directamente en el estado de conciencia creativa con los párpados cerrados y los ojos mirando hacia arriba en un ángulo de unos veinte grados. Esta posición de los ojos hace que el cerebro produzca ondas alfa. Para facilitar aún más este ejercicio, puede tocar con el dedo índice la raíz de la nariz, es decir, el punto imaginario situado entre los ojos.

Si a pesar de estar relajado tiene la sensación de que no está ocurriendo nada, probablemente se deba a que anteriormente ya había experimentado esta conciencia creativa. Siga perseverando. Con la práctica logrará acceder a estadios de relajación más profundos.

Entre siempre de un mismo modo en el estado de conciencia reducida, y termine también de una misma forma. Con el tiempo, su subconsciente promoverá automáticamente la relajación necesaria para activar dicho estado.

En el estado de conciencia creativa las imágenes que se perciben, por ejemplo los recuerdos, son más intensas y realistas que en la vigilia. Ésta es otra razón por la que las «creaciones mentales» –todo deseo intenso es una creación mental– únicamente deben efectuarse durante la relajación. Sólo así se garantiza que la imagen de su deseo sea lo suficientemente intensa como para familiarizarse con ella, pudiendo así asistir a su materialización como si se tratara de algo real.

No obstante, el estado de conciencia creativa puede aportar muchos otros beneficios.

Lo que nos ofrece la conciencia creativa

Si antes de empezar la sesión de ejercicio mental sólo se relaja físicamente, no podrá disfrutar de todo su poder benéfico.

La configuración del propio destino y la organización consciente del futuro son procesos mentales/espirituales y, por tanto, deben tener lugar en el plano mental/espiritual. Este campo de experiencia interna es tan real como el mundo material, o si tenemos en cuenta que el mundo real es sólo un espejismo, incluso más real. Nuestro pensamiento siempre está creando y causando algo; sin embargo, lo que «sembramos» en el estado de conciencia creativa no son pensamientos casuales, ya que tiene una trascendencia mucho mayor.

Sólo en el estado de conciencia creativa podemos tomar contacto con el subconsciente, el cual nos ofrece inmensas posibilidades. En este estado, nuestro subconsciente registra todo aquello que le inculcamos, por lo que la mente no recibe la idea del proyecto realizado como un mero pensamiento. Esta imagen penetra en el subconsciente como si se tratara de una realidad.

Otra ventaja de la conciencia creativa es que las personas son incapaces de llevar a cabo cualquier acción negativa o destructiva. Si esta aseveración le resulta increíble, haga la siguiente prueba: una vez en estado de conciencia creativa, intente provocar que alguien tenga dolor de cabeza. ¡Seguro que no lo conseguirá! Lo más probable es que en este caso sea usted el que termine padeciendo jaqueca, y no la persona a la que iba destinada, ya que cuando utilizamos malintencionadamente la fuerza creativa, ésta se acaba volviendo contra nosotros.

Cuando haya estudiado concienzudamente los preparativos y la disposición mental necesaria para llevar a cabo la práctica, podrá pasar al ejercicio mental propiamente dicho. Para ello va a ser necesaria la «colaboración» de su subconsciente, dado que éste tiene la clave de la realización de sus deseos.

Hágase «amigo» de su subconsciente

El subconsciente es el centro de mando de nuestras funciones corporales inconscientes y, además, sede de nuestras emociones y recuerdos. Si usted aprende a aprovechar las posibilidades que le brinda este «ayudante interno» tendrá un inmenso potencial a su disposición. La conciencia humana es comparable a un iceberg en el que la conciencia de la vigilia sólo representa la punta visible. Nuestros procesos mentales y espirituales elementales tienen lugar bajo del umbral de la conciencia, es decir, en la oscuridad.

Por término medio no utilizamos más de un veinte por cierto de nuestro potencial mental, renunciando con ello a desarrollar muchas facultades decisivas para nuestra felicidad.

Si usted aprende a aprovechar estas facultades podrá, por ejemplo, bloquear un dolor hasta que tenga ocasión de visitar un médico. Puede utilizar su subconsciente como un «despertador interno», que le despertará cada día a la misma hora o le avisará de las citas importantes. Asimismo, puede «programarse» física y mentalmente para estar en plena forma, introduciendo en su subconsciente sugestiones constructivas.

Las posibilidades que le ofrece el uso del subconsciente son prácticamente ilimitadas. Pero ¿cómo entrar en contacto con él? La respuesta es muy sencilla: adopte un estado creativo con ayuda del método de relajación más apropiado para usted, y hable con su subconsciente del mismo modo que hablaría con un viejo amigo.

El inconsciente no es una entidad verdadera en el sentido literal. No obstante, se ha demostrado que es posible relacionarse con él de una forma casi personal.

Empiece, por lo tanto, preguntando al subconsciente su nombre. Pero no le pregunte: ¿Cómo te llamas? Su subconsciente no tiene un nombre concreto. Es mejor que pregunte: ¿Cómo debo llamarte? ¿Con qué nombre puedo definirte? ¿Cuál debe ser nuestra relación? Deje que ese nombre aflore en la conciencia.

Relájese y no intente encontrar un nombre conscientemente. Cualquier esfuerzo sólo producirá el efecto contrario de lo que se pretende. Mantenga la calma interior y no espere nada concreto, no se someta a la necesidad de lograr un resultado. En ningún caso debe pensar un nombre por sí mismo, su subconsciente le comunicará en su momento el que ha escogido. Tal vez dicho nombre aparezca súbitamente en su conciencia, tal vez lo escuche en las profundidades de su mente. También cabe la posibilidad de que adopte la forma de rúbrica, o bien de una persona conocida con la que su subconsciente se identifica. Un amigo mío percibió justo antes de dormirse la imagen de un ángel, desde entonces cada día habla con su «ángel».

Una vez tenga el nombre, deberá comunicar a su subconsciente que desea cooperar con él de ahora en adelante. Por supuesto, es posible que necesite esperar un tiempo hasta que su subconsciente se exprese. Probablemente hasta ahora no se había ocupado demasiado de su subconsciente. Si lleva muchos años, o toda la vida, sin cooperar con su ayudante interno, es totalmente natural que ahora requiera cierto tiempo hasta que éste se preste a colaborar. Téngalo presente: ¡su subconsciente no es su esclavo, sino su amigo!

El subconsciente no obedece a órdenes rudas. A un amigo no se le dan órdenes, sino que se le pide su colaboración. Uno intenta convencerle de que esa tarea en común va a redundar en beneficio de los dos. Del mismo modo tendrá que proceder con su nuevo «amigo» interior. Sea considerado al establecer el contacto y no espere de entrada milagros de su parte.

Puede empezar haciendo una pequeña prueba. Relájese completamente y pida a su inconsciente que le diga la hora exacta. Compruebe el resultado inmediatamente después en estado de vigilia. En la mayoría de los casos el acierto se produce al primer intento.

No se preocupe si este experimento no funciona a la primera. Contactar con el subconsciente puede requerir un cierto tiempo. En cualquier caso, éste es un buen ejercicio para empezar.

Una vez haya establecido el contacto con su subconsciente, puede intentar ver su «aspecto». Esta apariencia le dará una indicación de la manera en la que desea ser tratado. Si se manifiesta como un sabio anciano, deberá tratarlo con el máximo respeto. Si aparece, en cambio, como un niño juguetón, tendrá que relacionarse con él de un modo más dinámico. Cuanto mayor sea la colaboración y el entendimiento, más satisfactorios serán los resultados.

Cómo ganarse el apoyo de su subconsciente

Nuestro subconsciente no «piensa» de manera lógica, es decir, analítica. Su lógica se sustenta en todas las impresiones que recibe, que constituyen su única realidad. Aparte de esto, el subconsciente entiende todos los «mensajes» literalmente, y se forma su propia opinión al respecto. Básicamente, el subconsciente atiende a este principio: lo que recibe es lo válido. Las conclusiones que extrae de su banco de impresiones contradicen, en muchos casos, nuestros propios argumentos lógicos.

Por esta razón puede suceder que el subconsciente se aferre a su punto de vista si tratamos de convencerlo con argumentos racionales, y se niegue, por tanto, a prestar su colaboración. Eso explica por qué es tan importante que no trate a su nuevo amigo como un esclavo. No intente constantemente hacerle cooperar mediante sugestiones. Es preferible que se esfuerce en convencerlo de la verdadera finalidad de su propósito.

Descríbale, por lo tanto, sus deseos con el máximo color e intensidad, y explíquele qué ventajas se derivarán para los dos si el proyecto llega a buen puerto. Su subconsciente es muy sensible a las impresiones en forma de palabras habladas o escritas. Si quiere transmitirle la importancia de su objetivo, represente por escrito cómo será su materialización. A continuación, revise el escrito minuciosamente y léaselo en voz alta. Sólo cuando haya inculcado este mensaje en su subconsciente podrá triunfar en su empresa. Por eso debe hacer que éste sea su «mejor amigo».

Naturalmente, es muy importante que esté completamente seguro de su deseo y sienta en usted la urgencia de hacerlo realidad. Si no lo ansía intensamente, no tendrá suficiente motivación para alcanzar su meta. El subconsciente detectará su inseguridad y se contagiará de ella.

Si su subconsciente le ha apoyado enérgicamente no se olvide de elogiarlo como se merece. Recompénsese y, por lo tanto, también a su subconsciente, con una sesión de cine o una comida que le guste especialmente.

Aplauda a su subconsciente de vez en cuando, en realidad o mentalmente. Puede reconocer los servicios prestados concediéndole una condecoración imaginaria. De esta manera, espoleará a su subconsciente, y a usted mismo, para seguir colaborando productivamente en el futuro. Dígale siempre que haya motivo para ello: «¡Fantástico! Lo has hecho muy bien. ¡Muchas gracias! Ése ha sido un muy buen trabajo».

Procúrese un «desencadenante»

Seguro que ha comprobado alguna vez que un movimiento que se repite muchas veces acaba haciéndose de forma automática. La misma teoría puede aplicarse al trabajo que realice con el subconsciente.

Si al relajarse y tomar contacto con su ayudante interno sigue siempre un determinado ritual, con el tiempo desarrollará un reflejo que activará rápidamente la comunicación con su subconsciente. El subconsciente se acostumbra a determinados rituales. Por este motivo resulta importante que recurra a un mismo método para relajarse, de modo que al final baste con un pequeño ademán para entrar en un estado de profunda relajación. Este ademán, el «desencadenante», debe diferenciarse claramente de sus movimientos cotidianos, ya que de lo contrario correría el peligro de «activar» por error este resorte, abandonándose a la relajación en el momento menos adecuado.

A continuación, le describiré tres mecanismos sencillos que pueden realizar dicha función. Naturalmente, usted también puede idear su propio desencadenante.

- Pronunciar tres veces en voz alta las sílabas Ki-Ai.
- Unir las puntas de los dedos pulgar, índice y medio.
- Presionar con un dedo el punto imaginario entre los ojos y contar hacia atrás, con la máxima concentración, del tres al uno.

Cuanto más se familiarice su subconsciente con el mecanismo de su elección, más rápida será su reacción. Cambie de método si observa que el que ha elegido deja de funcionar o empieza a fallar.

Si no está acostumbrado a tratar con su subconsciente debería, además, relajarse a conciencia antes de contactar con su «mejor amigo», de modo que no haya otros elementos que le distraigan. Cuando la relación con su subconsciente sea ya suficientemente sólida no necesitará recurrir a la relajación, podrá establecer el contacto en cualquier situación.

Ejercicio 5. Toma de contacto con el subconsciente

- Sírvase del método de relajación que le convenga (adoptando una posición corporal adecuada y practicando la respiración completa) para entrar en un estado de conciencia creativa.
- Diríjase a su subconsciente con palabras amables, como si se tratara de un buen amigo.
- Pregúntele con qué nombre desea que se dirija a él. Trate de percibir su aspecto.
- Agradézcale su buena disposición a cooperar y comuníquele que desea mantener un contacto regular con él a partir de ahora.
- Despídase de su ayudante interior. Cuente lentamente del uno al diez y termine la sesión.

Capítulo 8

El subconsciente, ayudante y consejero

Su potencial mental es inmenso

En el capítulo anterior vimos que las casi ilimitadas posibilidades de la mente humana están desaprovechadas, ya que sólo utilizamos una pequeña parte de ellas. Es absurdo seguir ignorando el poder del subconsciente, puesto que es inmenso.

Hay personas que han aprendido a utilizar este potencial mental para hacer cosas increíbles. Por ejemplo, algunas son capaces de caminar descalzas sobre las brasas sin lastimarse. Otras pueden curar con el pensamiento. Personas débiles consiguen repentinamente levantar pesos enormes.

Los fenómenos en los que la mente influye sobre la materia o sobre los procesos biológicos se engloban bajo el término psicoquinesia (PQ), la cual es objeto de estudio de la parapsicología científica. Entre estos fenómenos encontramos la percepción extrasensorial (PES) o la recepción de información sin la intervención de los sentidos clásicos (telepatía y clarividencia). En el transcurso de un dilatado estudio en el laboratorio, que fue sometido a todo tipo de controles, se comprobó que era posible influir en un dado favoreciendo un determinado número. El profesor

Joseph Banks Rhine, el padre de la parapsicología estadounidense, estudió este fenómeno en la Universidad de Duke efectuando miles de pruebas con un sinfín de personas. Los resultados fueron muy significativos, ya que se obtuvo una cuota de acierto asombrosamente alta. Detrás de todos estos fenómenos –tanto en la psicoquinesia como en la percepción extrasensorial– están, sin duda, las inmensas facultades del subconsciente.

Naturalmente, el cometido del ejercicio mental no es desarrollar este tipo de facultades ni demostrar científicamente su existencia. No obstante, los resultados que se obtienen con el ejercicio mental sugieren que el poder de nuestra mente, sobre todo del subconsciente, es mucho mayor de lo que comúnmente se cree. Sin embrago, una cosa es segura: sin un trabajo constante no lograremos desarrollarlas.

Cómo probar y ejercitar sus facultades

Si anteriormente nunca se preocupó de desarrollar sus capacidades mentales, no espere ahora obrar «milagros»; en primer lugar tendrá que ejercitar su potencial mental.

No pretenda ir demasiado lejos al principio, ya que con el ejercicio mental sucede lo mismo que con el deporte. Con un entrenamiento constante pueden lograrse marcas extraordinarias, pero aquel que pretende alcanzarlas de inmediato sin la preparación necesaria acaba decepcionado. Así pues, empiece marcándose pequeños objetivos. No puede transformar su vida en un instante. Si trabaja con entusiasmo, irá avanzando un paso cada día. No se pueden eliminar todos los malos hábitos en una sola sesión de ejercicio mental. Sin embargo, si día a día va haciendo pequeños progresos, al final alcanzará el éxito. Veamos, a continuación, dos ejemplos.

Si desea superar su timidez, puede proponerse hablar cada día con tres desconocidos. Pregunte simplemente la hora o el camino a la estación, o bien pida un pequeño favor a algún transeúnte.

Estas preguntas obtendrán buena acogida por parte de cualquier persona. Cuando hable con alguien intente mirarle a los ojos. De este modo irá adquiriendo confianza en sí mismo.

Si usted es una persona impaciente, cuando vaya al supermercado elija la caja con la cola más larga. ¡Deje pasar cortésmente a quien se lo pida! No pierda ninguna ocasión para hacer cosas que le cuesten. Mientras las realiza, intente mantener una actitud tranquila y equilibrada.

A continuación, se exponen unos cuantos experimentos especialmente indicados para probar y ejercitar sus facultades mentales. Estos ejercicios constituyen la puerta de entrada a la psicoquinesia.

- **La gota de aceite en el recipiente de agua.**
  Llene un recipiente con agua y deje caer en el centro una gota de aceite. Dado que el aceite es más ligero que el agua, la gota saldrá a flote. A continuación, intente influir en el movimiento de la gota de aceite. Imagínese que se desplaza a la izquierda o a la derecha, hacia delante o hacia atrás. Concentre toda su atención en esa gota de aceite. Cuando logre que ésta se desplace en uno u otro sentido será ya un «maestro» de sus facultades inconscientes. Si no lo consigue, no piense que ha perdido el tiempo: con este ejercicio desarrollará, en cualquier caso, su potencial mental.
- **El escarabajo en la caja.**
  Procúrese una caja de zapatos vacía y practique tres agujeros iguales en uno de los lados. A continuación, encierre dentro de la caja un escarabajo o una hormiga. Acto seguido, intente influir en el insecto para que salga por un determinado agujero. Por ejemplo, imagine vivamente que el escarabajo utiliza la salida número tres. Concentre todo su pensamiento y energía interna para que opte por esa salida. Al principio, es posible que el insecto salga por un agujero distinto al que tenía usted pensado. El índice de probabilidad es de tres a uno. Sin embargo, a medida que vaya adquiriendo práctica obtendrá resultados más significativos.

- **La rueda de papel en la punta de la aguja.** Traspase un pedazo de cartón con una aguja y póngalo sobre la mesa, de manera que la aguja apunte hacia arriba. A continuación, trace con un compás un círculo de diez centímetros de diámetro sobre un papel y recórtelo. Coloque con cuidado este círculo en la punta de la aguja. Compruebe que en la habitación del experimento no haya corrientes de aire. Tomando dos o tres centímetros de distancia, rodee el círculo con las manos sin llegar a tocarlo. Acto seguido intente poner en movimiento el círculo, de modo que gire sobre la aguja. Imagine vivamente cómo el círculo de papel gira hacia la izquierda o hacia la derecha y concéntrese hasta que la rueda se ponga efectivamente en movimiento. Vaya cambiando el sentido del movimiento para asegurarse de que la rueda le obedece. Al igual que el anterior, este ejercicio –independientemente de su éxito o fracaso– contribuirá a desarrollar su potencial mental. Sólo por eso ya merece la pena hacerlo.

Preguntas al subconsciente con ayuda del péndulo

Si usted no cuenta con experiencia en el terreno de los poderes mentales, al principio puede que le asalten varias ideas al mismo tiempo cuando efectúa una pregunta al subconsciente. En ese caso, puede resultar bastante complicado distinguir la respuesta del inconsciente de otros pensamientos que «intervienen» espontáneamente. El método del péndulo le brinda la posibilidad de obtener respuestas claras e inequívocas de su subconsciente.

Para aplicar esta técnica primero tendrá que hacerse con un péndulo. Es recomendable utilizar uno ya diseñado para este uso, que pueden adquirirse, por ejemplo, a través de revistas especializadas.

En su defecto, puede fabricarse su propio péndulo. Éste constará, básicamente, de un peso, preferiblemente de metal, y un hilo o cadena fina. Un péndulo casero muy efectivo es, simplemente, un anillo sujeto con un hilo.

Independientemente del péndulo que vaya a utilizar, debería observar los siguientes principios:

~ Cuide su péndulo personal como un objeto valioso que no debe caer en manos ajenas.
~ Si otra persona ha trabajado psicométricamente con el péndulo, debe limpiarlo primero, dejándolo bajo un chorro de agua fría. Ésta es una operación necesaria, ya que el agua neutraliza nuevamente el péndulo, eliminando la energía ajena que pudiera quedar en él.
~ Antes de cada uso, eche el aliento varias veces sobre el péndulo para cargarlo con su energía personal.

Antes de empezar a trabajar con el péndulo, debería repasar las recomendaciones del quinto capítulo. Tenga en cuenta, además, los siguientes puntos:

~ Practique con el péndulo solamente cuando se sienta sano y equilibrado, y con la mente fresca.
~ Antes de empezar, lávese bien las manos para eliminar cualquier energía que pueda interferir en el ejercicio.
~ Quítese todos los objetos de metal que pueda llevar (por ejemplo, el reloj de pulsera), ya que el metal puede influir en la trayectoria del péndulo.

Si ha seguido todas estas indicaciones, ya estará preparado para comenzar a trabajar con el péndulo.

La técnica del péndulo

Existen dos posiciones de la mano para manejar el péndulo. Usted mismo tiene que determinar con qué variante se siente más cómodo. Es una cuestión de tacto. Empiece comprobando su capacidad para captar pequeñas oscilaciones mentales/espirituales.

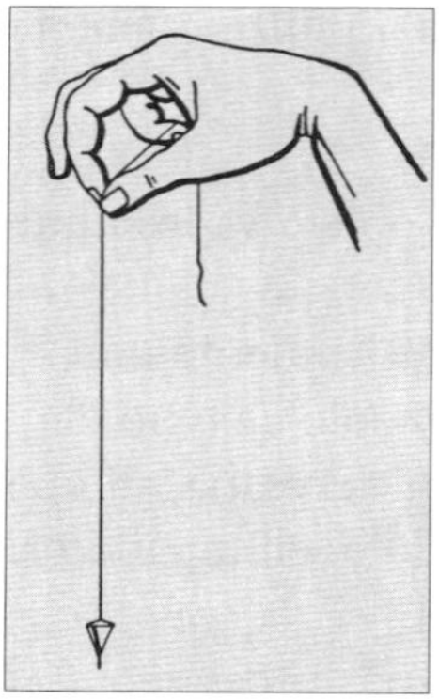

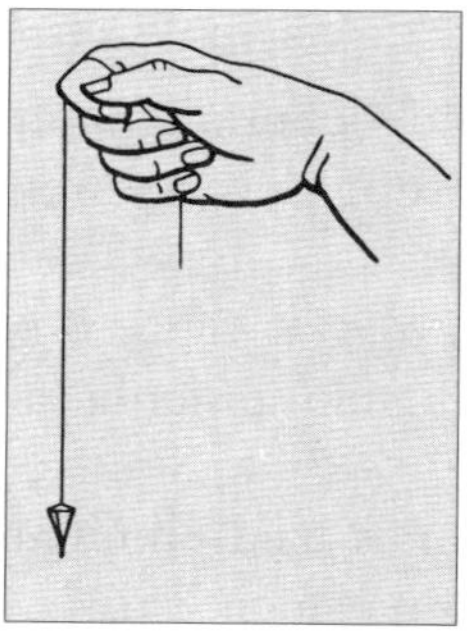

Ponga sobre la mesa cualquier objeto de metal, por ejemplo, un bolígrafo, un abrecartas o un reloj de pulsera. Sujete el péndulo con una mano, de acuerdo con el sistema elegido, y hágalo oscilar alrededor del objeto. Al cabo de un rato el péndulo empezará a girar más rápido, siguiendo el campo de energía del objeto. Observe este movimiento hasta que se extinga. Cambie de posición el bolígrafo o el abrecartas y compruebe cómo se altera la trayectoria del péndulo.

El siguiente paso está orientado a medir su poder telequinésico. Retire el objeto de la mesa y deje que el péndulo oscile libremente sobre la superficie. Ordénele que gire en el sentido de las agujas del reloj. Éste se pondrá en movimiento casi inmediatamente. Pídale luego que oscile en dirección contraria, así como hacia delante y hacia atrás o de izquierda a derecha. Practique hasta que el péndulo obedezca a sus deseos, reaccionando inmediatamente a cada indicación. Esto se consigue rápidamente en la mayoría de casos.

En lo sucesivo también puede utilizar el péndulo para obtener respuestas de su subconsciente. Antes de empezar, tendrá que determinar qué movimientos del péndulo señalan las respuestas positiva y negativa. Aparte de eso, si desea formular preguntas a su subconsciente y quiere que las respuestas sean correctas, deberá observar estas indicaciones:

- Al preguntar, sólo debe tener una pregunta en la conciencia. Toda su concentración debe dirigirse a ese pensamiento. Si tiene otras ideas que le distraen, corre el riesgo de recibir respuesta a otra cuestión del fondo de su subconsciente, o incluso de no recibir respuesta alguna. Para evitar esa fuente de errores es necesario poner toda la concentración en esa única pregunta, que debería ser, además, breve y precisa; lo mejor es pronunciarla en voz alta.

- Mientras pregunta, observe el movimiento del péndulo con mentalidad abierta para la respuesta. Procure estar en todo momento relajado. Para que este ejercicio sea un éxito es fundamental tener una actitud serena y neutral. Debe sentirse como un niño curioso que espera una respuesta.
- Asimismo, es esencial que no espere ninguna respuesta de antemano, ya que su subconsciente podría interpretarla como una sugerencia. En ese caso el mensaje vendría dictado por su intelecto y no provendría del subconsciente. Manténgase interiormente receptivo y sea paciente mientras el péndulo se decide por una de las opciones.
- Una vez contestada la pregunta, no levante el péndulo bruscamente. Déjelo oscilar hasta obtener una respuesta clara.
- Si tiene que formular una pregunta importante es preferible que esté solo. Las ondas mentales/espirituales de otras personas podrían influir en el movimiento del péndulo, malogrando la comunicación con su subconsciente. Esto sucede especialmente cuando en la sala se hallan personas escépticas.

Antes de pasar a interrogar a su subconsciente, tendrá que definir qué significa cada movimiento del péndulo. Déjelo «pender» tranquilamente sobre el tablero de la mesa. Espere a que se detenga completamente. A continuación, pregunte a su inconsciente: ¿Qué oscilación del péndulo significa «sí»?

El péndulo se desplazará en una u otra dirección. Retenga esta dirección o anótela en un papel. A continuación, pregunte de la misma forma qué movimiento del péndulo equivale a «no», «no lo sé» o «no lo quiero decir».

El «sí» se puede expresar, por ejemplo, girando hacia la derecha y el «no» hacia la izquierda; «no lo sé» con un movimiento lateral de derecha a izquierda, y «no lo quiero decir» con un desplazamiento vertical de arriba a abajo.

La primera pregunta a su subconsciente puede ser si cuando estaba relajado entendió su nombre correctamente. Por lo tanto, cuando el péndulo se haya detenido puede preguntar, mejor si es en voz alta: «¿Te he comprendido bien? ¿Debo llamarte...?».

La oscilación del péndulo le confirmará si comprendió el mensaje de su subconsciente estando totalmente relajado.

Hay dos tipos de preguntas que pueden formularse con garantías. El primero es el que acabamos de ver. Se trata de preguntas cuya respuesta implica: «sí», «no», «no lo sé» o «no lo quiero decir». Las preguntas más complejas, en cambio, hay que dividirlas en subpreguntas para adaptarlas al esquema de sí/no. Pondremos un ejemplo.

Usted ha perdido las llaves de casa. Dado que el subconsciente registra todo aquello que hacemos durante el día, sabrá con toda seguridad dónde las ha dejado. Por lo tanto, podemos preguntarle perfectamente dónde están. Sin embargo, si la pregunta es: «¿Dónde están las llaves?» una respuesta de «sí» o «no» será de poca utilidad. Es preciso acotar las preguntas haciendo un rodeo.

A continuación, mostramos la manera de hacerlo siguiendo el mismo ejemplo, encontrar las llaves. Estas preguntas podrían ser las siguientes:

~ ¿He perdido las llaves dentro del piso? No.
~ ¿Las he perdido esta mañana al ir de compras? Sí.
~ ¿Las he perdido en la calle Huertas? No.
~ ¿Las he perdido en la plaza Independencia? Sí.
~ ¿Las he perdido en el supermercado Asturias? Sí.
~ ¿Me han caído del bolso al pagar? Sí.

Después de esta batería de preguntas, el siguiente paso sería ir al supermercado inmediatamente y comprobar si han encontrado las llaves allí.

Siguiendo este mismo procedimiento –no deja de ser un método por eliminación– puede responderse a cualquier pregunta que se encuentre en la esfera de conocimiento del subconsciente.

Medios para facilitar las respuestas del subconsciente

Naturalmente, hay preguntas que admiten diversas respuestas. Para que el péndulo pueda señalar la respuesta correcta será preciso ayudarle en su tarea.

Dibuje en una hoja de papel un círculo de unos diez centímetros de diámetro. Una vez terminado, trazaremos una línea vertical que vaya de arriba abajo y otra horizontal de izquierda a derecha. A continuación, dividiremos los ejes de la cruz resultante en seis espacios cada uno, numerándolos del uno al cinco como puede verse en la ilustración. Para su comodidad, es recomendable hacer varias fotocopias de este diseño, puesto que también le servirá para ejercicios posteriores.

El primer esquema (sin nombres) debe ser aproximadamente como se muestra en la ilustración.

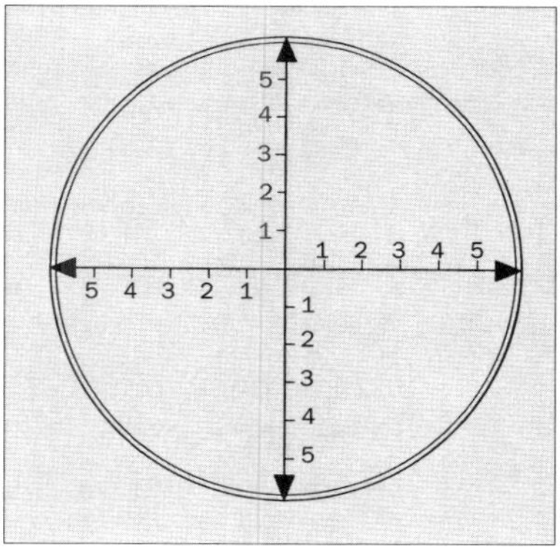

Piense en una pregunta muy importante para usted y apúntela en el punto de intersección de la cruz. A continuación, deje que el péndulo oscile sobre dicha intersección. Enseguida comenzará a moverse apuntando a la respuesta correspondiente.

Naturalmente, se pueden agregar al esquema dos líneas diagonales, con lo que tendríamos ocho respuestas posibles. Sin embargo, no es conveniente poner demasiadas opciones, ya que irá en detrimento de la definición del péndulo. Lo ideal es tener únicamente cuatro posibilidades que el péndulo pueda señalar con absoluta claridad.

Con este sistema se pueden contestar las preguntas más diversas, por ejemplo:

- Qué alimento necesita mi cuerpo en mayor proporción (pescado, lácteos, verdura, fruta)?
- ¿Cuál de mis órganos requiere en este momento más atención (corazón, pulmones, hígado, riñones)?
- ¿Dónde debo pasar las próximas vacaciones (en mi país, en Grecia, en Italia, en el Caribe)?

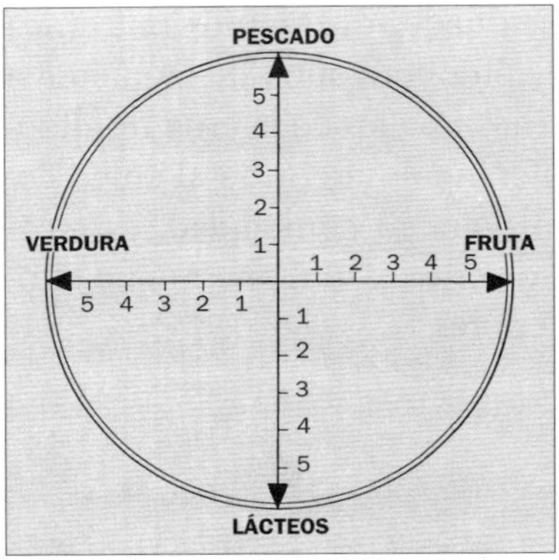

Para la primera pregunta, (¿Qué alimentos necesito en mayor proporción?) el esquema quedaría configurado como sigue (*ver ilustración*):

Al principio plantéele al subconsciente sólo aquellas preguntas que pueda contestar sin esfuerzo. Cuando adquiera práctica, puede ir incrementando el grado de dificultad de las cuestiones. Con los métodos descritos anteriormente pueden resolverse cuestiones relativamente complejas, como, por ejemplo:

~ ¿En qué oficio puedo despuntar y ser feliz?
~ ¿Dónde he perdido...?
~ ¿Es éste un buen medicamento para aliviar los dolores de estómago?
~ ¿Debo leer el libro...?
~ ¿Debo comprar...?
~ ¿Dónde puedo encontrar… más barato?
~ ¿Dónde puedo hacer amigos o encontrar novio/a?

Naturalmente, siempre puede recurrir al método de sí/no, en el caso de que la pregunta lo permita. Para este método no es necesario apuntar nada en el círculo. El significado de las diferentes direcciones ya será conocido por usted. Los números con que está graduado el eje sirven de orientación –de acuerdo con el movimiento del péndulo– sobre la fiabilidad de las respuestas.

No hay que decir que no podemos partir del supuesto de que el subconsciente va a acertar las respuestas sin haber practicado nunca antes. Sólo cuando haya adquirido suficiente experiencia con esta técnica estará en condiciones de juzgar cuándo una información es o no absolutamente fiable.

Como se desprende de los anteriores ejemplos, con el péndulo tenemos la posibilidad de obtener información sobre otras personas. Para ese fin es necesario contar con algún objeto personal del sujeto en cuestión. Debe tratarse de una cosa con la que la persona haya tenido mucho contacto, ya que así nos aseguramos que esté impregnada de ella. Nos servirá una prenda de vestir, unas llaves, una joya, una carta escrita a mano o, aún mejor, su fotografía.

Deposite el objeto sobre la mesa y deje que el péndulo oscile encima de él. A continuación, ponga en práctica el método de sí/no con preguntas como:

~ ¿Es una persona adecuada para mí?
~ ¿Puedo fiarme de ella?
~ ¿Se encuentra actualmente en la ciudad?
~ ¿Padece esta persona alguna enfermedad?

Un practicante experimentado puede obtener con este método un diagnóstico muy preciso, tanto en el ámbito médico como en el de las relaciones personales.

Al principio dedique a estos ejercicios únicamente el tiempo que sea capaz de mantenerse plenamente concentrado. Toda actividad nueva suele despertar el interés del subconsciente, pero es posible que decaiga rápidamente. En cualquier caso, el subconsciente es un factor decisivo para el éxito de estas técnicas. Sólo si «ambos» forman un equipo compenetrado, estará usted en condiciones de acometer los retos más difíciles.

Capítulo 9

Formulación de deseos y objetivos

Exprese su deseo con una fórmula

Antes de que sus deseos se vean cumplidos debe tener una idea muy concreta de cómo será lo que se ha propuesto alcanzar.

El primer paso consiste en expresar su deseo con palabras claras. Para que la fórmula sea efectiva tiene que reunir una serie de requisitos:

- **Debe ser precisa, completa e inequívoca.**
  Nuestro inconsciente trabaja con total exactitud y sigue al detalle las órdenes e instrucciones que nosotros le introducimos. Por esta razón, si la formulación de su deseo es defectuosa o incompleta, su realización será asimismo imperfecta. Por lo tanto, ¡defina claramente su objetivo!
- **Debe formularse en presente.**
  No grabe en su subconsciente mensajes como: «¡Pronto me curaré!». La frase elegida no tiene que hacer referencia al futuro, sino en el presente. Se trata de anticipar el éxito como si estuviera teniendo lugar ahora. Por lo tanto, en el caso anterior es preferible decir: «¡Me siento sano, relajado y libre!».

- **Debe ser positiva.**
  El subconsciente capta todos los matices de su deseo, e intenta trasladarlo a la realidad de manera «literal». Sin embargo, no «comprende» las fórmulas basadas en una negación. Si usted, por ejemplo, tiene dolor de cabeza, no debe expresar un deseo como: «¡No voy a tener más dolor de cabeza a partir de ahora!». En primer lugar, este mensaje está formulado en futuro y, en segundo lugar, es una negación. Si menciona el dolor de cabeza, más que mitigarlo puede inducirlo. Toda imaginación tiende a materializarse. El rechazo mental a cualquier estado evoca precisamente aquello que se quiere evitar, favoreciendo que se haga realidad. Por esta razón, la anterior fórmula contra el dolor de cabeza no hará más que incrementarlo. Así pues, tenemos que formular únicamente deseos positivos en presente. De este modo, su acción será constructiva y eficaz. Por ejemplo, en el caso citado anteriormente podemos decir: «Siento la cabeza ligera y clara, los pensamientos fluyen suavemente y estoy completamente concentrado y relajado. Me siento maravillosamente en mi cuerpo».
  A continuación, encontrará una selección de palabras (puede ampliarse a voluntad) especialmente indicadas para formular deseos:

Actitud positiva.
Actividad.
Alegría.
Amor.
Armonía.
Autorrealización.
Bienestar.
Buena nutrición.
Calidez.
Confianza.
Concentración.
Convencimiento.
Energía.
Entusiasmo.
Éxito.
Felicidad.
Generosidad.
Gratitud.
Independecia.
Laboriosidad.
Libertad.
Mesura.
Modestia.
Optimismo.
Regularidad.
Relajación.
Respeto.
Seguridad.
Sencillez.
Sinceridad.
Suerte.
Sueño.
Tranquilidad.
Valor.
Vida sana.
Vitalidad.

Elija los términos y expresiones que más le gusten. Es importante que produzcan en usted una reacción positiva. Cuanto más intensa sea la emoción que su deseo despierte en usted más rápida será su realización. Escoja, por lo tanto, sólo aquellas palabras que le sugieran algo.

Mediante una serie de ejemplos, le mostraré a continuación cómo transformar una fórmula negativa en otra positiva:

~ Cada día tengo más miedo → *Mi valor crece día a día.*
~ Cada vez me siento menos irritado → *Me siento siempre feliz y de buen humor.*
~ Ya no siento dolor → *Una maravillosa sensación de bienestar recorre mi cuerpo.*
~ Ya no tartamudeo → *Hablo pausada y fluidamente.*
~ Ya no estoy nervioso → *Me siento lleno de seguridad y confianza en mí mismo.*

Aunque al principio su conciencia se resista a hablar de estados futuros en presente, no se desanime. Siga empleando este tipo de fórmulas en el ejercicio mental. La razón sólo cree aquello que se puede comprobar; el subconsciente, en cambio, se atiene a lo que nosotros le transmitimos. Lo único que necesita son conceptos claramente definidos que le orienten. Si persevera en la práctica, pronto descartará las dudas que le plantea la razón. Comprobará que, a pesar de los reparos iniciales de su intelecto, el sistema funciona. Desde ese momento comenzará a dominar su destino. Además de las anteriores recomendaciones, para la formulación del deseo debería observar las siguientes reglas:

- **Debe ser lo más breve posible.**
  El subconsciente registra mejor las frases cortas y concisas.

Cuanta mayor sea la frecuencia con la que evoca su deseo, más fuerte será su influencia en el subconsciente.

- **Debe ser sencilla pero bien definida.**
  Su deseo debe estar formulado de manera fácilmente comprensible. En cierta manera, el subconsciente es como un niño que lo entiende todo literalmente. Por eso es indispensable definir el mensaje.
- **Debe referirse a usted o a algún aspecto de su vida.**
  Si, por ejemplo, su deseo hace referencia a una relación de pareja, debe remitir a su comportamiento, no al de su pareja. En lugar de decir «Ella (o él) es cada día más amable» o «Cada día que pasa nos entendemos mejor» tiene que emplear fórmulas que apunten a su propia conducta. Por ejemplo: «Acepto a mi pareja tal como es» o «Soy un(a) marido (esposa) comprensivo(a)». Tenga esto siempre presente: una persona sólo es responsable de sus propios actos. No podemos ni debemos tratar de cambiar a los demás. ¡Cada uno tiene derecho a tener su propia personalidad!

Como ha podido comprobar, existe una serie de reglas que hay que respetar para que el ejercicio mental sea un éxito. Lo mejor es que fije por escrito la fórmula que va a emplear.

La técnica del *mantra* y la sugestión inducida

A continuación, me dispongo a presentarle un método que combina elementos de la técnica de autosugestión, que fue fundada por el farmacéutico francés Émile Coué, y la meditación con *mantras* tradicional de la India. Coué descubrió en el transcurso de su investigación psicoterapéutica que la fórmula «Cada día me van mejor las cosas en todos los aspectos» influía de manera extraordinaria en la salud y en el estado psicosomático de las personas. En consecuencia, recomendó a sus pacientes que recitaran estas palabras de veinte a treinta veces diarias. A partir del método de Coué, posteriormente se desarrollaron las técnicas de autorrelajación y el pensamiento positivo.

En la tradición yóguica hindú existe la llamada meditación *mántrica*. Este yoga se caracteriza por que sus practicantes meditan –a veces durante horas– repitiendo una fórmula breve y expresiva cuyo mensaje interiorizan cada vez más. Esa fórmula –normalmente una frase – es el *mantra*.

El método que he desarrollado es una combinación de ambas técnicas, que tiene lo mejor de cada una. Para llevarlo a cabo, proceda del siguiente modo. En primer lugar, elija una fórmula breve y rítmica que le resulte fácil de pronunciar y describa la meta a la que quiere llegar. Las diferentes finalidades podrían ser, por ejemplo, las siguientes:

~ ¡Vida positiva mediante pensamiento positivo!
~ ¡Mi fuerza curativa interior hace que me restablezca!
~ ¡Encuentro la felicidad a cada paso!
~ ¡Me siento totalmente sano y en armonía con la vida!
~ ¡Estudiar me produce satisfacción y me conduce al éxito!

Naturalmente, usted puede formular su propio *mantra* tomando estos modelos como ejemplo.

Resérvese veinte minutos libres al día y busque un lugar en el que nadie pueda molestarle. Repita la sucesión de palabras elegida ininterrumpidamente durante veinte minutos. El ritmo debe ser rápido de manera que entre las repeticiones no pueda pensar en nada más que en su objetivo. Mientras dure la meditación no permita que otra idea ocupe su pensamiento. Durante los veinte minutos debe concentrar toda su atención en esta sucesión de palabras. ¡Los resultados de este método le dejarán perplejo!

Comprobará que, tras veinte minutos de repetición, esta fórmula llena toda su conciencia. En este período de tiempo no ha pensado en nada más que en su objetivo. Al terminar de recitar, es probable que la fórmula siga resonando en su interior como una melodía que se resiste a abandonarle. Esto es precisamente lo que debe suceder, ya que de esta manera el mensaje impregna toda su conciencia durante el tiempo suficiente.

Cuando dirija su atención a otras cosas puede que siga escuchando estas palabras durante un tiempo. Incluso es posible que horas después note aún el eco de la fórmula que se va alejando. En este caso bastará con repetir la oración unas cuantas veces para que continúe llenando su conciencia durante horas.

Una vez puesta en marcha para siempre la «rueda» del *mantra*, comprobará por sí mismo los cambios positivos que se producen en su vida. Cada uno de sus pensamientos es un acto creativo, por lo que una concentración intensa va a dar sus frutos con toda seguridad.

Es aconsejable recitar el *mantra* en voz alta, puesto que así se graba más fácilmente en su subconsciente. La palabra recitada constituye también para nuestra conciencia un estímulo mayor que el mero pensamiento.

Elija, en cualquier caso, una fórmula que sea absolutamente positiva en todos sus matices, y que se ajuste a los criterios mencionados al principio de este capítulo. Es muy probable que esta técnica le permita hacer realidad su deseo. Cualquiera que sea su aspiración, la meditación *mántrica* le será de gran ayuda para alcanzarla.

Una imagen vale más que mil palabras

Si quiere compartir sus proyectos con el subconsciente, deberá transmitírselos en un lenguaje que sea comprensible para él. Además de expresar su deseo con las palabras apropiadas, simultáneamente tiene que traducir el sentido de éstas en una imagen. Los *mantras* tienen tanto poder de sugestión sobre el subconsciente porque desencadenan imágenes estrechamente relacionadas con el mensaje. Esto sucede por sí solo en nuestra rutina diaria. No obstante, si potenciamos este proceso lograremos movilizar un caudal inmenso de energía creativa.

«Una imagen vale más que mil palabras», dice un refrán. Este refrán demuestra el impacto que las imágenes han tenido sobre las personas, especialmente en el subconsciente, tienen, además, la ventaja de que quedan grabadas mucho tiempo en la memoria. Puesto que las representaciones visuales constructivas desencadenan, a su vez, emociones positivas, nuestro modo de actuar puede sufrir un giro muy beneficioso. Ésta es una condición indispensable para el éxito.

Si usted quiere emplear estas técnicas imaginativas para fomentar una actitud positiva, deberá prestar nuevamente atención a una serie de reglas:

~ Cada imagen evocadora que fije en su subconsciente tiende siempre a materializarse.
~ Cuando la convicción y la razón entran en conflicto, siempre vence la convicción. La fe en un proyecto tiene más fuerza que el escepticismo racional.
~ El esfuerzo produce el efecto contrario al deseado.

Una parte muy importante del ejercicio mental es, por lo tanto, la imaginación dirigida. Las técnicas que se fundamentan en la imaginación tienen la ventaja de que el éxito queda fijado en la mente desde el principio. De este modo, la persona dispone de la vivencia del objetivo alcanzado cada vez que se concentra en su proyecto.

Cuanto más plástica sea la representación mental del éxito, mayor será la carga energética de ésta y, por lo tanto, su presencia en la conciencia será también mayor, lo que, a su vez, aumenta la probabilidad de que el proyecto se haga realidad.

El miedo atávico al influjo de las ideas negativas puede constatarse en expresiones populares como «No hay que llamar al mal tiempo». Las personas pesimistas evocan exactamente el estado que quieren evitar, atrayendo, por tanto, la mala suerte. Las pinturas rupestres de los hombres de las cavernas demuestran que el ser humano desde siempre ha recurrido al valor mágico de las imágenes para alcanzar la riqueza y la felicidad. Al igual que ellos, es importante que representemos nuestros deseos con la máxima claridad; sólo así podremos materializarlos.

Si quiere comprobar la influencia que la imaginación tiene en los procesos corporales, haga este sencillo experimento. Imagínese que sostiene un limón en la mano. Perciba la piel fría a través de sus poros y visualice el amarillo intenso de la fruta. A continuación, corte este limón imaginario en dos trozos. Tome mentalmente una de las mitades y muérdala con fuerza.

Si su capacidad evocativa está totalmente desarrollada notará cómo la boca se le hace agua. Su subconsciente ha transmitido el mensaje «limón en la boca» y las glándulas salivares han reaccionado en consecuencia.

Este ejemplo demuestra que nuestros pensamientos y deseos no sólo reflejan la realidad, sino que en cierto modo la crean. El ejercicio mental aprovecha está relación entre causa y efecto. Por este motivo, es necesario visualizar bajo una luz totalmente positiva las metas alcanzadas.

Los niños viven inmersos en un mundo vivamente imaginativo. Las palabras se transforman inmediatamente en imágenes; para los niños la fantasía y la realidad son casi lo mismo. Con el tiempo, no obstante, esta capacidad evocativa va menguando, por lo que muchos adultos deben aprender nuevamente a recrear mundos interiores en su mente. Esta capacidad puede ejercitarse como si se tratara de un músculo.

Cómo ejercitar su capacidad imaginativa

Estos ejercicios están diseñados para desarrollar su imaginación paso a paso, de manera que pueda disfrutar de todo su potencial.

Imaginar colores

Intente visualizar mentalmente un color detrás de otro. Si eso no entraña ninguna dificultad para usted, puede ir al siguiente paso. De lo contrario deberá proceder como sigue. Es posible acceder a la visualización de colores sin pensar directamente en un color. Evoque un objeto que sea característico por tener un color determinado. Si, por ejemplo, ha escogido el color amarillo puede pensar en un limón; para el rojo es ideal un tomate o un camión de bomberos.

En este estadio todavía no es importante reconocer con claridad las formas del objeto. Lo esencial es que éste despierte en nuestra imaginación el color en cuestión. Para visualizar el azul podemos recurrir, por ejemplo, a un cielo o un mar azul, para el verde un césped, para el blanco un paisaje nevado.

Si estos métodos no surten efecto, puede adquirir cartulinas de colores. Fije la mirada durante un tiempo en la cartulina correspondiente y, acto seguido, cierre los ojos e intente reproducir el color. Al cabo de un rato vuelva a abrir los ojos y concéntrese una vez más en el color del papel.

Repita este ejercicio hasta que aparezca instantáneamente el color en su «lienzo» mental. La finalidad del ejercicio es que usted pueda disponer de todo el «repertorio» de colores para practicar con ellos la meditación. De este modo tendrá en su mano los elementos necesarios para disfrutar de este tipo de meditación.

Imaginar objetos concretos

Tan pronto como domine la visualización de colores podrá pasar a representar objetos concretos.

Escoja para este fin un objeto sencillo, quizás un peine o unas tijeras, y estudie este objeto con los ojos abiertos. Inicialmente limítese a recrear su forma.

En segundo lugar, cierre los ojos e intente proyectar el objeto en su mente del modo más fidedigno posible. Si no lo consigue al primer intento, simplemente vuelva a observar el objeto y retenga el máximo de detalles.

Vaya alternando esta observación con la proyección mental del objeto. Al final, debe lograr reproducir esta forma con los ojos

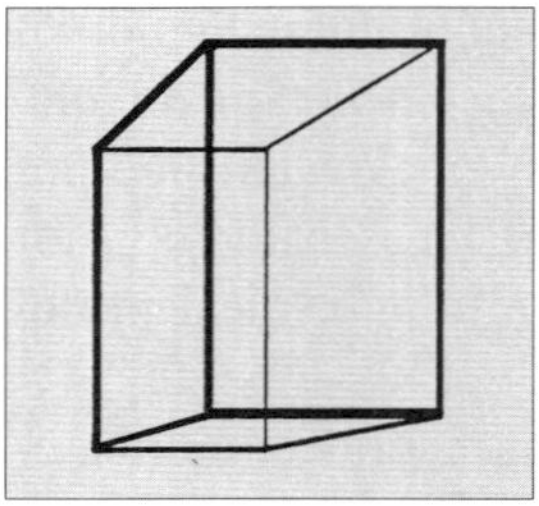

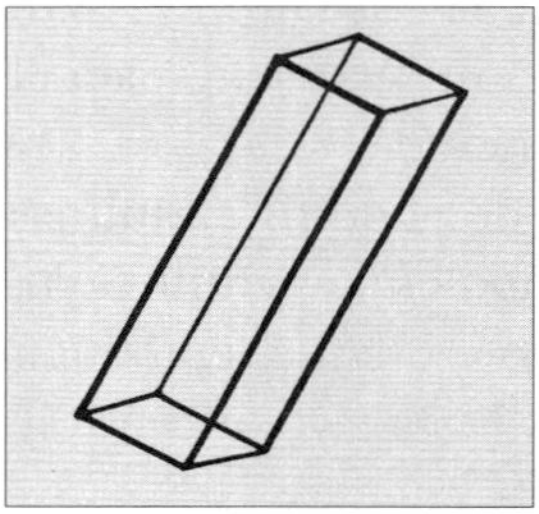

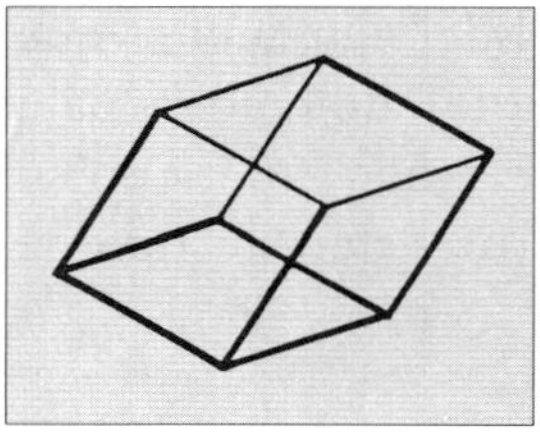

cerrados, sin que eso suponga ningún tipo de esfuerzo.

Una vez hecho esto, puede abordar otras propiedades del objeto: su consistencia, olor o peso. Si, por ejemplo, está visualizando una manzana, no debe percibir únicamente su color verde o rojo intenso, sino también su olor. Experimente, asimismo, el peso de esta manzana en la mano. Tal vez note que tiene un agujero o una parte reblandecida. Intente percibir la manzana utilizando sus cinco sentidos.

Si quiere llevar aún más lejos este ejercicio, imagine que está pelando esta manzana. Reproduzca cada movimiento, así como los cambios que sufre la fruta, con la máxima intensidad, como si de verdad la estuviera pelando. Sienta el olor intenso de la manzana, y muérdala mentalmente si así lo desea.

Las ilustraciones que verá a su izquierda muestran algunas figuras geométricas que usted deberá hacer girar en su eje para apreciarlas desde distintas perspectivas. Deje rotar cada figura un mínimo de un minuto.

Imaginar objetos inexistentes

En este estadio se trata de «ver» objetos de los que no se tiene un modelo previo. Elija un objeto que esté fuera de su campo visual, es decir, un objeto inexistente, y determine sus cualidades: primero la forma, después el color, la consistencia, etcétera.

Empiece con objetos concretos que le resulten familiares. Cuando haya adquirido más experiencia, puede conformar objetos o seres inexistentes. Estimule su creatividad imaginando animales imposibles: elefantes de ocho patas u otras criaturas fabulosas. Lo importante en este ejercicio es que su imaginación obedezca el mandato de su voluntad, es decir, que genere con rapidez aquello que usted desea visualizar.

Trate asimismo de alterar algunas características de los objetos imaginados: un prado verde puede convertirse en un prado azul, o un melocotón puede tener el aroma de una fresa. Tiene que ejercitar su percepción interior de modo que sea capaz de ver todas sus propuestas.

Si desea transformar el estado externo de los objetos debe ponerse en el lugar de éstos. Experimente desde dentro la forma y la sensación de ser árbol, asuma toda su existencia hasta la última hoja. Sienta asimismo cómo recibe fluido vital de la tierra, desde las raíces hasta la copa. Asuma su condición de árbol.

Imaginar escenas reales

Tal como he mencionado antes, es importante aprender a reproducir objetos en movimiento; éstos quedan registrados en el subconsciente con mucha más intensidad que una imagen inmóvil.

Para ello es muy interesante practicar la visión retrospectiva del día. Cada noche deberíamos revisar lo que hemos hecho durante la jornada. Esto nos permite examinar nuestras acciones y detectar errores para, si es necesario, corregirlos posteriormente en nuestra conciencia. La retrospección es, al mismo tiempo, un buen medio de ejercitar su potencial imaginativo. No olvide que el subconsciente registra lo que sucede en su fantasía como si fuera real.

Trasládese, por ejemplo, a esta mañana. Reviva el inicio del día con todos sus sentidos. ¿Qué ha sentido al despertar? Vuelva a percibir el calor de las mantas, el despertador sonando o la voz que le ha despertado. ¿Cómo suena ese despertador o esa voz?

Reproduzca el momento de levantarse. ¿Siente la alfombra bajo sus pies desnudos o el revestimiento de sus zapatillas?

Con un poco de práctica logrará revivir cada segundo del inicio del día. La ventaja es que toda esta información está almacenada efectivamente en su memoria, por lo que sólo tiene que rescatarla.

Imaginar escenas inventadas

El siguiente paso dentro de esta serie de ejercicios consiste en visualizar escenas que no se han producido.

Imagínese, por ejemplo, que saluda a un desconocido. Reproduzca interiormente cómo dicha persona le tiende la mano, y cómo se saludan e intercambian algunas palabras de cortesía. ¿Cuál es el aspecto de esta persona? ¿Lleva un traje o viste de manera informal? ¿Tiene una expresión amable o parece más bien introvertido? ¿Desprende un olor agradable o desagradable? Su «ojo interno» debe definir cada detalle de este encuentro.

Las escenas imaginarias deben ser tan vivas y convincentes como una película en la que usted interviene. ¿Puede ver la proyección de dicha película con toda claridad? ¿O, en cambio, hay detalles que quedan difusos?

Recuerde que todas las visualizaciones de este libro están concebidas para que el subconsciente las perciba con la máxima claridad. Si usted es incapaz de «crear» la escena en la que se cumple su sueño, su subconsciente no podrá ejecutarlo.

Imaginar valores abstractos

Si usted se ha fijado una meta importante, tendrá que recurrir a términos abstractos. Por otra parte, no existen reglas que marquen cómo hay que representar estos conceptos en la conciencia. Lo importante es que las imágenes sean lo suficientemente claras como para que el subconsciente asimile el mensaje sin riesgo de confusión.

Si, por ejemplo, quiere visualizar el concepto «amor», la imagen debe expresar este sentimiento en relación con una persona o cosa. De este modo, el subconsciente capta sin dificultad el contenido del estado que anhelamos alcanzar. Las metáforas son asimismo un medio muy adecuado para representar ideas abstractas. Para poner un ejemplo, un claro en el bosque puede que le sugiera paz o tranquilidad. Del mismo modo, la imagen de alguien que salta en paracaídas puede simbolizar valor. Usted es quien elegirá la metáfora que mejor exprese el concepto, siempre que ésta no se preste a confusión. De lo contrario podría suceder que después de ver el claro en el bosque su subconsciente organizara una excursión al campo para usted.

A continuación encontrará un listado de conceptos a los que puede recurrir para idear sus metáforas. Intente hallar un símbolo adecuado para cada uno, de manera que al visualizarlo despierte ese sentimiento concreto: armonía, belleza, bondad, confianza, felicidad, fidelidad, fuerza, laboriosidad, libertad, paciencia, protección, reconocimiento, relajación, sabiduría, salud, suerte, tolerancia, trabajo, valor, vida. ¡Puede añadir más términos a esta lista si lo desea!

Viva la realización de su deseo con los cinco sentidos

Cuando haya aprendido a generar con toda claridad el cumplimiento de su objetivo o, lo que es lo mismo, cuando su «ojo interior» pueda ver el estado que quiere alcanzar, será el momento de activar el resto de sentidos para *sentir*, *oler*, *saborear* y *escuchar* su proyecto. Dicho de otro modo: hacer que el deseo que nos apremia se convierta en una auténtica vivencia.

¡Sienta en sus manos el tacto del automóvil o la casa por la que tanto suspira! ¡Tome conciencia de la satisfacción que le produce su nuevo empleo! Debe transmitir al subconsciente la sensación de que aquello está sucediendo en realidad.

Esto es especialmente importante si usted está enfermo y desea restablecerse con la ayuda del ejercicio mental. No imagine que los síntomas y dolores desaparecen paulatinamente. Debe verse a sí mismo gozando de plena salud; por ejemplo, nadando en el mar lleno de gratitud por haberse curado. El estado del que quiere salir no debe cruzar nunca más su mente, aunque aparezca atenuado. Tiene que centrarse en la satisfacción del triunfo, de haber llegado a su meta. De otro modo, sólo conseguirá estabilizar esa situación indeseada, puesto que al dirigirle su atención y energía la reforzará.

Los deseos pueden proyectarse en clave positiva o negativa. Pongamos como ejemplo una madre que desea el restablecimiento de su hijo enfermo. Una proyección negativa sería la imagen de su hijo en la cama del hospital, situación que la madre quiere «negar» o «invertir» para lograr el estado opuesto. La proyección positiva sería ver a este hijo corriendo alegremente por el campo, lo que implica afirmar su deseo. Ambas proyecciones surtirán efecto, pero el resultado de una será opuesto al de la otra. Un deseo sólo se cumple si el enfoque es positivo. Si es negativo lo más probable es que se empeore aún más el mal que se está combatiendo, dado que el subconsciente no entiende las negaciones. Esto hace que registre la imagen negativa como algo que debe hacerse realidad. El subconsciente siempre trabaja para alcanzar metas, no para derribar obstáculos.

De vez en cuando puede suceder que el subconsciente reaccione a nuestras demandas de manera obstinada. Seguramente se debe a que lo hemos descuidado durante años, sin ejercer control alguno sobre él. Eso explica que cualquier impresión que le transmitamos –pensamientos, emociones, vivencias– sea sistemáticamente rechazada y no se preste a colaborar en nuestro proyecto. En casos como éste, lo más recomendable es recurrir a la «imaginación latente».

El subconsciente, que es como un niño terco, tiene que acostumbrarse primero al dominio que usted quiere establecer sobre él. Por otra parte, para que nuestro mensaje quede fijado, debe tener una cierta duración. Así pues, para inculcar en su subconsciente «rebelde» una propuesta, tendrá que proceder del siguiente modo: retenga su proyecto con palabras e imágenes un mínimo de dos o tres segundos y, acto seguido, déjelo ir para recuperarlo segundos más tarde. Repita el proceso durante el tiempo que crea necesario. Con este ritmo es más fácil atraer el interés del subconsciente y, por tanto, grabar en él cualquier mensaje.

Trate su subconsciente siempre con el máximo cuidado, ya que depende de él para lograr su ambición. Si lo tiene de su parte le será mucho más fácil realizar cualquier proyecto que se proponga.

Ejercicio 6. Fijación de un mensaje

Tal vez no siempre consiga visualizar su idea con claridad. Esto se debe normalmente a que su capacidad de concentración está mermada por cualquier razón. En estos casos hay ciertos trucos que pueden ayudarnos. En las líneas que siguen le propongo algunas alternativas:

- Un método de gran eficacia es imaginar que la conciencia es un lienzo. Podemos figurarnos que tomamos un pincel y pinturas y trazamos, pincelada a pincelada, la imagen de nuestro deseo en el lienzo imaginario. Otra posibilidad es imaginar un escenario donde va a representarse esa situación ideal. Corra lentamente las cortinas y concéntrese en la escena que se va a representar.

- También puede visualizar la meta a alcanzar al final de un largo túnel por el que usted avanza con toda seguridad. Cada paso que da le permite admirar más detalles de su objetivo. Al salir del túnel se encuentra delante de su deseo materializado, puede distinguir ya todos los detalles.

- Finalmente puede imaginar que está limpiando un cuadro cubierto de polvo. A medida que la imagen se vuelve más nítida, puede contemplar más matices de su proyecto.

- Trabaje con el método que le resulte más sugestivo, o bien invente su propia técnica para que la imagen se vaya definiendo poco a poco. Quizá pueda figurarse que está sentado en el cine antes de que empiece la sesión, ante la pantalla en blanco. A continuación, la luz se va apagando y comienza la proyección de cada uno de los detalles que conforman su deseo. Una vez la imagen es totalmente nítida, se proyecta una breve película en la que usted es actor. Siga atentamente esta proyección como si representara la realidad misma, e interiorice todo lo que ha visto como si se tratara de vivencias reales.

~ Entrenamiento mental

- Cuando empiece a realizar estos ejercicios, tómese suficiente tiempo para registrar todos los matices en su «pantalla interior». Con la práctica le resultará muy sencillo utilizar su fuerza creativa para fijar objetivos en su subconsciente.

- Una vez haya aprendido a reflejar cualquier deseo en su «pantalla» o «lienzo» interior, podrá proyectar el gran sueño de su vida. Visualice ese estado u objetivo con todo lujo de detalles. Incluya en su representación ruidos, olores, sabores y sensaciones táctiles. Haga lo necesario para que el éxito invada su imaginación.

Capítulo 10

Métodos de visualización para potenciar el autoconocimiento

La visualización catatímica le proporciona valiosos conocimientos

Existe un amplio abanico de ejercicios de visualización utilizados por la psicoterapia tradicional y la contemporánea. Estas técnicas trabajan con imágenes que nos dan información en clave sobre nuestro estado emocional. Una de las primeras autoridades en este campo es el catedrático Göttingen Hanscarl Leuner, quien denominó su método «visualización catatímica» (del griego antiguo *kata*, «según» y *thymos*, «alma»).

En la visualización catatímica el practicante piensa en una situación prefijada cuyos detalles él mismo debe completar. Dichos matices aportan información codificada sobre su situación personal. La visualización catatímica es un ejercicio muy efectivo para potenciar la imaginación y permite tener acceso a los verdaderos problemas y necesidades del individuo.

Es posible que en la visualización presenciemos hechos o situaciones cuyo significado es oscuro a primera vista. Esto no debe preocuparle, sólo debe intentar que las imágenes de su visualización tengan la máxima claridad.

Tal vez comprenda su sentido más tarde, quizás al poner en común esta experiencia con algún amigo o amiga lleguen a conclusiones que pueden resultar interesantes sobre el significado de cada uno de los elementos.

Se puede practicar una serie de ejercicios de visualización catatímica que permiten extraer una información muy valiosa. Seguidamente podrá conocer, y practicar, los más importantes.

- **La entrada al sótano.**
  El sótano es el símbolo del subconsciente por antonomasia. Allí se esconden los miedos, los complejos y los sentimientos reprimidos. Si usted baja al sótano de su subconsciente podrá averiguar qué problemas precisan una solución urgente y qué acciones son prioritarias. Ponga en orden su sótano personal y tire aquellos trastos que no va a necesitar más. No se deje ni un sólo hueco sin revisar, penetre hasta el último rincón del sótano y aprenda a enfrentarse con los conflictos de su subconsciente. Sólo así podrá resolverlos.
- **El paseo por el campo.**
  La idea de un paisaje resulta idónea para reflejar las circunstancias personales que rodean su vida. Plantéese las siguientes preguntas:

  ~ ¿Qué tiempo hace? ¿Está el cielo despejado o hay nubes en el horizonte?
  ~ ¿Crecen flores de vivos pétalos o éstas son inapreciables?
  ~ ¿En qué estación del año se encuentra?
  ~ En el paisaje hay un río, un lago o un estanque. ¿Es éste ancho o caudaloso?
  ~ ¿Es el agua cristalina o está sucia? ¿Qué sustancia la puede estar contaminando?

Aparte todos los obstáculos del lecho del río. En caso necesario, puede reconstruirlo totalmente. Camine hasta el nacimiento de este río imaginario y beba en él.
Observe cómo el paisaje va cambiando a cada sesión. De esta manera aprenderá a interpretar cada vez mejor el significado de los diferentes símbolos.

- **La sala de las puertas.**
Piense en una sala imaginaria provista de muchas puertas, cada una de ellas con una inscripción. Usted es quien las escribe. Estos rótulos pueden ser, por ejemplo:

 ~ La solución a mi problema.
 ~ Mi misión en esta vida.
 ~ Lo mejor para mi futuro.
 ~ Mi pareja ideal.
 ~ Mi trabajo ideal.
 ~ El remedio a mi enfermedad.

Por supuesto, usted puede escribir en las puertas aquello que le parezca más conveniente en su situación. Los ejemplos anteriores son simples propuestas. La finalidad de esta visualización es que usted abra la puerta y contemple lo que hay al otro lado. Probablemente hallará la respuesta en clave a su problema.

- **El «baño de purificación interna».**
Imagínese que se sumerge en un baño de luz blanca y pura. Todos los contenidos negativos de su subconsciente se desprenden y acaban disolviéndose en esta luz regeneradora. Permanezca en ella hasta que sienta que ha penetrado hasta el último resquicio de su ser. También puede reforzar este ejercicio todavía más si lo acompaña de las siguientes palabras: «Camino por la vida con la luz de la conciencia pura. De mí únicamente nace aquello que es bueno, útil y constructivo, por lo que sólo lo bueno puede acontecerme. Soy conciencia pura y luminosa. Esta conciencia atraviesa y colma armónicamente todo mi ser».

Aproveche la ocasión de acceder a su subconsciente

La técnica de visualización que se describe a continuación es extraordinariamente efectiva. No sólo le ofrece la oportunidad de conocerse mejor, sino que constituye una ayuda excelente para resolver cualquier situación que se presente en la vida. Para disfrutar de sus beneficiosos efectos sólo tiene que relajarse e imaginar que está subiendo una alta montaña. En la cima de esta montaña hay una cabaña o una cueva en la que vive un anciano muy sabio.

La figura del sabio encarna la supraconciencia. En desacuerdo con las definiciones psicológicas tradicionales, Carl Gustav Jung introdujo el arquetipo del «anciano sabio» como la personificación del «yo», es decir, como el centro de la «personalidad integral que abraza lo consciente y lo inconsciente».

Es posible que todo esto le resulte demasiado inverosímil. Sin embargo, en la práctica esta visualización ha demostrado ser un método óptimo para motivar el subconsciente, debido a que éste «piensa» en imágenes y símbolos.

Una vez haya llegado a la cima donde habita el anciano, puede formularle preguntas o pedirle consejo. El sabio puede contestarle de diversas formas:

- Hablándole directamente de modo que conozca su mensaje de viva voz.
- Escribiéndole la respuesta en un papel o en una pizarra.
- Haciendo que la respuesta a su cuestión surja de su propia conciencia.

Otro modo de penetrar en los misterios del inconsciente es leer directamente el «libro de su vida». En este libro imaginario está escrito todo aquello que afecta a su existencia. Sólo necesita abrirlo por el capítulo correspondiente para obtener la información que está buscando.

Si encuentra que falta alguna hoja, o incluso un capítulo entero, puede significar que usted es «una página en blanco» (lo que es poco probable), o que su subconsciente se niega a proporcionarle ciertas informaciones para las que aún no está preparado.

Evite el esfuerzo y las expectativas desmesuradas

Tal como he dicho anteriormente, el «ascenso a la montaña» ofrece una inmejorable oportunidad para conocerse. No obstante, en el camino también encontrará obstáculos que usted debe conocer y evitar:

- Si ya supone lo que va a responder el anciano es muy probable que obtenga esa misma respuesta, ya que su intelecto interviene y desplaza al subconsciente del centro de su personalidad integral. Por lo tanto, es preferible que no espere nada concreto. Muéstrese receptivo a las respuestas del anciano. Tenga en cuenta que pueden ser muy extrañas e inesperadas.
- Evite abrigar esperanzas desmesuradas. Un estado de tensión expectante impide el contacto con el subconsciente o interrumpe el contacto establecido, ya que el intelecto adquiere demasiado protagonismo e intenta acaparar el proceso. Estos casos confirman que todo esfuerzo dificulta el trabajo espiritual. Para meditar es necesario estar totalmente relajado, ajeno a todo lo que sucede. ¡Deje que la experiencia siga su curso! Más adelante ya tendrá ocasión de analizar los conocimientos adquiridos. Durante la meditación debe observar pasivamente lo que sucede en su «teatro interior».

¿Cómo saber que las respuestas proceden verdaderamente de la supraconciencia? Tal como hemos visto, es muy posible que el intelecto racional intervenga en el proceso aportando la respuesta. Eso nos obliga a discernir si la respuesta recibida es o no auténtica. No hay una manera segura de saberlo.

A continuación quisiera referirle un breve ejemplo que tal vez le ayude a determinar el grado de verdad de las experiencias obtenidas en la meditación.

Una chica pregunta a su madre: «¿Cómo puedo saber si estoy enamorada?», a lo que la madre responde: «No tengo respuesta para esto; pero no te preocupes, cuando los estés ya lo sabrás».

Lo mismo sucede con el subconsciente. Es difícil explicar qué sensación se tiene cuando se entra en contacto con él; pero, cuando esto sucede, sabe con toda seguridad que ese encuentro se ha producido. Probablemente le sobrevendrá un sentimiento de felicidad y de crecimiento espontáneo de la conciencia. Si, por el contrario, duda de la autenticidad de su experiencia, cabrá pensar que esa duda está justificada.

Ejercicio 7. Autoconocimiento a través de la visualización

- Practique este ejercicio decisivo para su autoconocimiento: la «sala de las puertas». Piense para empezar qué rótulo quiere poner en cada puerta. Recuerde que al otro lado de éstas se halla la solución a sus problemas. Una vez finalizado el ejercicio, retenga en su mente todo lo que ha visto o experimentado, e intente interpretarlo.

- Asimismo, si ha optado por la «ascensión a la montaña», es importante que antes de comenzar anote las preguntas que va a formular. Al final de la meditación debe poner igualmente por escrito las respuestas que ha obtenido.

Capítulo 11

El poder de la convicción y los sentimientos

Cómo conferir dinamismo a su deseo

La evocación verbal y visual de la vivencia de su deseo son dos mitades de la misma finalidad que usted se ha marcado. Eso significa que debe procurar que ambas mitades encajen, de lo contrario se anularían mutuamente.

La fórmula que resume su deseo debe definir claramente la idea de su proyecto y tiene que ir acompañada de una imagen o experiencia que se proyectará en su pantalla interior. Si la evocación del estado ideal se desarrolla armónicamente en nuestro pensamiento, el mensaje va a quedar grabado en el subconsciente con mayor intensidad. Sin embargo, no basta con revestir nuestro proyecto de imagen y palabras. También hay que conferirle energía dinámica que nos empuje a llevarlo a la práctica. Para activar estas energías es indispensable estar convencido de que nuestro deseo se va a materializar.

Las palabras y las imágenes son estáticas. Por esta razón le he recomendado proyectar la realización de su sueño como si fuera una película. Pero aún es más importante el impulso que proporciona la convicción en el éxito de un proyecto. Este convencimiento es el que pone en marcha el proceso. Una vez tengamos todos los factores a nuestro favor, de los cuales la convicción y el sentimiento son los más decisivos, la conquista de nuestro objetivo será sólo cuestión de tiempo.

El optimismo y el pesimismo son dos maneras de interpretar una misma realidad. Es bien sabido que las personas que se muestran optimistas ante sus retos triunfan en la mayoría de los casos, mientras que las que los hacen pasar por el filtro del pesimismo están más cerca del fracaso. Una actitud positiva es un buen pasaporte para la felicidad y el éxito. Y, sin embargo, hay muy pocas personas que asuman que con la ilusión y la fuerza de voluntad pueden «mover montañas». Nuestra capacidad para llevar nuestros proyectos a buen puerto es directamente proporcional a la convicción que tengamos en su materialización.

La convicción no necesita pruebas, las crea

Las personas que no confían en sus proyectos nunca los llevan a cabo. Aquellos que temen al fracaso o a la edad, a la soledad o a los dolores, están limitados por convicciones negativas. Una actitud de este tipo atrae necesariamente los efectos negativos que se quieren evitar. Si confiamos, en cambio, en nuestras posibilidades reales estaremos sentando las bases para que aquello que anhelamos pueda tener lugar.

Normalmente las personas no se dan cuenta de que existen convicciones positivas y negativas, ya que en muchos caso éstas son inconscientes. En un momento determinado cualquiera puede creerse capaz de llevar adelante una idea; sin embargo, muchas de estas empresas naufragan a las primeras de cambio por un hecho muy simple: no hay verdadera convicción. Una convicción sólida no admite dudas, sean conscientes o inconscientes. Si creemos absolutamente en la realización de un deseo, éste se convierte en un hecho consumado. Cuando queremos hacer realidad nuestros sueños no tenemos que pensar que nuestro objetivo es posible, probable o deseable, sino que es seguro.

Por lo tanto, el convencimiento no es sólo una afirmación, sino también una certeza. El que sólo cree lo que ven sus ojos sólo creerá en la utilidad de sembrar cuando llegue la cosecha. Sin embargo, el que siembra debe creer en el crecimiento de las semillas sin ver el más mínimo cambio. Sin esa convicción nunca se pondría manos a la obra.

La convicción es una sabiduría interior que no se sustenta en las pruebas, sino que las crea. El saber constata los hechos y la convicción los materializa. En esta fe está la semilla de lo que luego se convierte en realidad. Así pues, lo único que necesita para triunfar es tener la certeza de que el trabajo que usted ha realizado va a dar sus frutos.

Sin embargo, eso también significa que cuando el convencimiento es débil, los resultados que se obtendrán serán igualmente flojos. La falta de convicción implica duda, y la duda aleja del éxito. Sólo con convicción lograremos hacer realidad las ideas que bullen en nuestro pensamiento.

Según sea el contenido e intensidad de nuestro convencimiento, obrará a favor o en contra nuestra, ya que sólo se materializa aquello de lo que uno está absolutamente convencido. Si pensamos que nuestro proyecto va a fracasar estaremos, efectivamente, condenándolo al fracaso. ¡Aproveche la fe en su proyecto para hacerlo realidad! No cuesta nada adoptar esta actitud, y los resultados compensan con creces.

Revista de sentimiento sus convicciones

La capacidad de creer en uno mismo es una virtud mental y emocional que se adquiere y refuerza con una actitud positiva. En cierto modo, es como un músculo que se trabaja mediante el ejercicio. Si usted afirma constantemente su deseo según el método del ejercicio mental, podrá disipar cualquier bloqueo que le aparte de su objetivo y adquirirá cada vez más confianza.

Actualmente, muchas personas ya no creen en nada; adolecen sobre todo de falta de confianza. No se sienten parte activa de la creación. Estas personas necesitan urgentemente tomar conciencia de que pertenecen a un orden universal en el cual deben integrarse y arreglar sus asuntos.

Si ése es su caso, debe ir desarrollando su confianza paso a paso. Empiece creyendo en pequeñas metas que en el futuro va a alcanzar. No acometa todavía proyectos ambiciosos. Convénzase, por ejemplo, de que ama su trabajo; o bien crea firmemente que ha encontrado a la persona de su vida. Si logra sacar adelante estos primeros retos se dará cuenta del potencial que atesora en usted, y de cómo puede emplear esa misma convicción para transformar su vida. ¡Llene su conciencia de esta confianza! Retenga este sentimiento y piense que a partir de ahora tiene un instrumento decisivo que le permitirá triunfar en la vida.

Dé un paso más y concéntrese en un deseo en cuya realización no confía plenamente. Si afirma la fe en alcanzar el objetivo, pondrá las condiciones necesarias para que el éxito sea un hecho. Vivir el éxito con intensidad, sea en la realidad o mentalmente, incrementa notablemente la confianza en uno mismo, con lo cual la meta se alcanza mucho más fácilmente. A su vez, la confianza adquirida a través de la experiencia provoca que el individuo se sienta en armonía con la creación.

«Lo que sembréis, recogeréis»

No obstante, hay que cuidarse mucho de la fe ciega. Ésta se sustenta en esperanzas, sin haber «sembrado» las causas para el efecto que se quiere conseguir. En cambio, la seguridad de que aquello que se desea va a verse cumplido –puesto que van a darse los pasos necesarios– conduce sin duda a la meta soñada. Si usted planta la semilla no le quepa duda de que brotarán los frutos esperados.

Si procede de la manera descrita, su poder de convicción irá en aumento. Si le asaltan las dudas, piense que por su parte ha dado todos los pasos necesarios y que, por lo tanto, los resultados deben llegar indefectiblemente. La ley de causa y efecto es irrefutable. «Lo que sembréis, recogeréis».

No obstante, hasta la voluntad más firme es inútil si se espera que el deseo se cumpla en el futuro. Eso implicaría aceptar las carencias del presente: el éxito llegará en un futuro indeterminado, ¡o tal vez nunca! Sólo cuando usted haya visualizado perfectamente la materialización de su deseo, éste tendrá suficiente fuerza para hacerse realidad. Por lo tanto, es imprescindible que sienta ahora gratitud por la meta ya alcanzada. Desde esta perspectiva inmediata la maquinaria del destino girará en su beneficio.

El que cree en algo en cuerpo y alma se encuentra en posesión de la inmensa energía del universo –de la fe que, como hemos dicho, «mueve montañas».

En ocasiones el resultado de la fe es inmediato. Sin embargo, a menudo hay que esperar semanas, meses, o incluso un año entero, hasta ver su sueño realizado. Independientemente del tiempo que haya que esperar, debe seguir afirmando su deseo día a día. Si se siente enfermo, dígase: «Estoy convencido que la fuerza de mi fe me está curando». Es imprescindible que tenga la firme convicción de que todo lo que le está sucediendo es por su bien.

La relación entre el convencimiento y las experiencias vitales puede aplicarse tanto a personas individuales como a la comunidad. El destino personal de un individuo va estrechamente ligado al destino colectivo, el cual puede abarcar a un grupo de personas o a todo un pueblo. El destino individual depende de la suerte de la colectividad.

De esto se deduce que si todos los miembros de un grupo o de toda una sociedad creyeran firmemente en la convivencia pacífica y solidaria, el llamado «paraíso en la tierra» no sería ninguna utopía. Bastaría con que la mayoría de personas creyera en esta alta meta para que el destino de la humanidad diera un giro espectacular. Por eso es tan importante que cada uno, a través de su pensamiento positivo y su fe en el futuro de la humanidad, contribuya a la armonía entre los seres humanos.

Cómo corregir sus emociones para que le ayuden en su propósito

Cuando la voluntad y los sentimientos se enfrentan, la mayoría de las veces se imponen los sentimientos. Esto puede apreciarse claramente en este ejemplo. Cuando odiamos o envidiamos a alguien, de poco sirve intentar liberarnos de este sentimiento, puesto que los sentimientos no atienden a razones. Debemos aprender a controlar nuestras emociones pues, sean positivas o negativas, ejercen una considerable influencia en nuestra vida.

Los sentimientos negativos, es decir, destructivos, son perniciosos puesto que nos llevan a actuar de manera irreflexiva y, por otra parte, acaban perjudicando nuestra salud. Cada emoción libera en nuestro cuerpo una serie de reacciones químicas que repercuten en los órganos vitales. Las emociones negativas, por ejemplo, son capaces de generar sustancias tóxicas. Un equipo médico estadounidense ha demostrado, incluso, que las preocupaciones constantes acaban dañando los dientes, ya que una carga emocional negativa deriva en una necesidad ingente de calcio. Existen muchos otros ejemplos en este sentido. Todo el mundo sabe que un estrés excesivo puede ocasionar una úlcera de estómago.

Por lo tanto, es muy importante fomentar sentimientos positivos, o constructivos, como el amor, la amistad o la compasión, además de la alegría, ya que sin ella la vida no tiene sentido. Si asumimos que gran parte de nuestros sentimientos tiene un origen inconsciente y que, por lo tanto, son difíciles de manejar, la cuestión es: ¿cómo podemos influir en nuestra vida emocional?

Hemos de empezar comprendiendo que todo lo que sucede en la naturaleza es neutral, no es bueno ni malo en sí. Una boda, una defunción o una fractura de pierna son sucesos totalmente normales en la existencia. Somos nosotros los que enjuiciamos estos eventos como «feliz acontecimiento» o «revés del destino». Nuestro análisis de la realidad no depende tanto de la razón como de nuestra vida emocional. Una vez más, esto es debido a que son pocos los hombres que ahondan en su subconsciente. Los sentimientos se originan en lo más profundo de nuestro subconsciente, que tiene su propia «lógica». Si el pensamiento racional no interviene para corregir las experiencias es fácil que surjan complejos emocionales que acabarán influyendo decisivamente en nuestras opiniones y reacciones.

Lo que pensamos y sentimos en un momento dado tiene su origen en la suma de nuestras experiencias pasadas. Cada vez que vemos o experimentamos algo nuevo lo comparamos de modo inconsciente con lo visto y vivido anteriormente. Eso nos conduce necesariamente a estimaciones falsas y a reacciones emocionales exageradas o injustificadas que nos impiden pensar racionalmente.

Por lo tanto, a partir de ahora debe preocuparse de fomentar únicamente los sentimientos constructivos y rechazar los destructivos, de modo que en adelante sus emociones desencadenen en usted asociaciones positivas.

Al igual que las sugestiones (en este caso, se trata más bien de autosugestión) influyen positiva o negativamente en nuestra manera de actuar, los sentimientos provocan reacciones en cadena difíciles de prever. Podemos neutralizar la influencia de una sugestión traumática sustituyéndola por una positiva, que podemos recrear con la ayuda de las técnicas de este libro.

Lo mismo es aplicable a los sentimientos negativos: podemos rechazarlos sustituyéndolos por otros positivos. En ningún caso se trata de ignorar los sentimientos destructivos; simplemente, debe percibir esa emoción indeseable como un contenido que aflora del inconsciente y que usted no necesita aceptar. ¡Contémplela como una propuesta, no como una obligación! Reemplace todo contenido negativo por valores positivos como la alegría o el amor. Evoque primero estos sentimientos y luego empiece a identificarse con ellos. Hágalo conscientemente en un estado de relajación.

Si procede de esta manera, pronto será capaz de corregir sus emociones inmediatamente después de que aparezcan y sólo dejará aflorar los sentimientos constructivos.

Las emociones positivas además de ser agradables, también nos ayudan a afrontar cualquier situación y favorecen nuestra salud. No obstante, la principal virtud de este tipo de emociones es que contribuyen decisivamente a que nuestros deseos se hagan realidad. Por eso es tan importante que no dote su proyecto únicamente de *prana*, la energía vital cósmica, sino también del sentimiento de alegría que le produce la realización del mismo. No basta con tener la convicción de que las cosas van a salir bien, hay que revestir la imagen del deseo con la satisfacción y el éxito.

Las palabras y las imágenes configuran externamente su objetivo. Sin embargo, son la convicción y el sentimiento los que le confieren contenido y fuerza suficiente para hacerse realidad.

Ejercicio 8. La carga emocional del deseo

- Reproduzca mentalmente con palabras e imágenes el objeto de su deseo o la experiencia que anhela vivir. Concéntrese en ello durante uno o dos minutos, hasta que todos los pensamientos y emociones abandonen su conciencia. Imagine vivamente la nueva situación en el momento que alcanza su meta.

- Siéntase dichoso y afortunado de que su convicción inquebrantable le haya conducido hacia el éxito. Experimente un sentimiento de alegría y gratitud.

- Asuma esta certeza: el proceso dinámico de materialización de su deseo está en marcha. Usted mismo ha desencadenado los mecanismos mentales y espirituales necesarios para que su proyecto se haga realidad.

Capítulo 12

El punto de transformación interior

Utilice su percepción interior para acceder a su verdadera esencia

A lo largo de la historia ha habido incontables expediciones de hombres que buscaban lugares míticos o sagrados, para descubrir su verdadera naturaleza y acceder a los misterios de la vida. Este tipo de búsqueda, sin embargo, es siempre en vano mientras se dirija al mundo exterior.

El verdadero lugar «secreto» de nuestro «ámbito sagrado», donde podemos encontrar paz, seguridad e iluminación, está en nuestro interior. Es en este punto de transformación interno donde se manifiesta lo más profundo de nuestro ser y se disuelve la confusión del mundo exterior. El punto de transformación interior no es, sin embargo, un refugio, sino un estado de conciencia que nos permite contemplar nuestra verdadera esencia. ¡Despierte en usted este «santuario sagrado»!

El ejercicio mental apunta a la superación mental y espiritual. La transformación interior que se producirá en usted repercutirá asimismo en el plano material. Para llevar a cabo dicho proceso le será de mucha ayuda retirarse al punto de transformación interior.

Los símbolos de este lugar imaginario son un prado y una montaña, los cuales constituyen un reflejo de su personalidad. El «prado» y la «montaña» de un individuo serán, por lo tanto, sustancialmente diferentes a los de otros. De hecho, en una misma persona este paisaje espiritual irá cambiando a medida que avance en el proceso de transformación.

En este paisaje simbólico hay un elemento de extrema importancia: en la cima de la montaña se halla un ser de luz que representa el yo superior del individuo. Este ser es incorpóreo y, por lo tanto, sólo podemos percibirlo con nuestro «ojo interior». Para que esta «visión» sea posible es imprescindible que nos hallemos en estado de completa relajación. En el capítulo 10 ya acometimos las técnicas de visualización en las que el «yo» constituye el centro de la personalidad «integral», que está representado por el anciano sabio. En realidad, los símbolos de los que nos valgamos para imaginar el punto de transformación interior no son importantes. Lo esencial es acceder a esa realidad interna conscientemente.

La eficacia del ejercicio mental no depende de cuánto logra integrarse en su yo superior. Esta integración debe realizarse, en cualquier caso, de manera consciente cada vez que evoque el cumplimiento de su deseo.

La integración del individuo con la conciencia cósmica

Cuando imaginamos que subimos una montaña nuestra conciencia se va acercando al yo superior. Al llegar a la cumbre conquistamos el grado máximo de conciencia.

No obstante, antes de acceder a este estado superior de conciencia deberá «unirse a la luz». Para ello debe partir de que su verdadera esencia es su conciencia pura individual. Imagine que una luz intensa brota de su «tercer ojo», y fluye por todo su cuerpo hasta envolverlo. Visualice cómo esta luz resplandece cada vez más y dirija su atención al centro de la luz, su «corazón espiritual».

Esta luz debe ser cada vez más clara, y penetrar hasta la última célula de su cuerpo.

Inmediatamente después la luz de su centro espiritual se fundirá con su yo físico. La razón y el sentimiento se armonizarán reconciliándose el uno con el otro.

Cuando haya llegado a este estado de conciencia elevada vuélvase hacia el sol. El sol simboliza la conciencia cósmica universal que fluye a través de toda la creación. Ábrase completamente para recibir la perfección de la luz cósmica, hasta verse colmado y envuelto en ella. Su yo individual se une de este modo con la conciencia cósmica, que todo lo abraza y comprende.

En esta unión luminosa usted mismo devendrá luz. Conocerá la perfección de su verdadera esencia, y a partir de este momento avanzará por la vida como «mensajero de la luz».

La vivencia de la transformación interior

Para llegar al punto de transformación interior debe recurrir, primero, a un método de relajación que le dé acceso al estado de conciencia creativo.

Figúrese que está en un prado. Usted camina por este prado lleno de alegría. Aspire el olor a hierba y el aroma de las flores, escuche el zumbido de las abejas y el murmullo del viento al rozar los árboles. Sienta el aire cálido en su piel y la hierba fresca bajo sus pies. Disfrute de los rayos benéficos del sol y, si pasa cerca de un árbol frutal, tome tranquilamente una fruta y muérdala. Perciba las maravillas de la naturaleza con todos sus sentidos.

Cerca se oye correr el agua: un arroyo, un río o un lago. Acérquese y beba de ella sin miedo. Tal vez desee incluso sumergirse en el agua para refrescarse. Es un agua pura y cristalina, por lo que si se sumerge en ella o la bebe su conciencia también se purificará.

Mire ahora a su alrededor. Cerca de donde se encuentra hay una montaña. Es el símbolo de su personalidad. ¿Es una montaña alta o es sólo una colina? ¿Es empinada o fácil de subir? ¿Hay árboles en la cumbre o está cubierta de hielo? Diríjase hacia esa montaña.

Al pie de la montaña hay un camino que conduce a la cima. Es el camino de su vida. ¿Es ancho o estrecho? ¿Permite avanzar cómodamente o hay que superar obstáculos? ¿Es uniforme o se vuelve más difícil a medida que se aproxima a la cumbre?

Suba la montaña poco a poco, superando o evitando todos los obstáculos. Desde la cima se observa una magnífica vista. ¡Mire a su alrededor y disfrute del panorama!

Vuélvase hacia el sol, símbolo de la conciencia cósmica de la que usted forma parte. Sienta cómo el agradable calor de la luz colma todo su ser. ¡Abra los brazos y deje que esta luz llegue hasta la última célula de su organismo! El caudal de luz que fluye en usted aumenta cada vez más; siente en su interior los rayos rojos hasta formar una misma cosa con la luz. Usted mismo desprende rayos de luz clara y pura, asumiendo la perfección de su verdadera esencia. Cada célula de su cuerpo contiene esta perfección. Su ser disfruta de la luminosidad en la que se ha integrado, uniéndose a su yo superior.

Permanezca en este estado tanto como pueda. Al final de la sesión de ejercicio mental debería quedarse en la cima de la montaña y proferir algunas palabras de agradecimiento antes de empezar el descenso.

Para regresar a su conciencia cotidiana puede relajarse con la técnica de los colores, pero esta vez en el orden inverso, es decir, retrocediendo del violeta al rojo. Cuando llegue al color rojo se encontrará ya en el aquí y ahora, y se sentirá fresco y despierto.

Ejercicio 9. El método de transformación interior

- Para llevar a cabo este ejercicio debe adoptar la postura del faraón. Observe su respiración, procurando que ésta sea más lenta, profunda y regular.

- Relájese con la ayuda de alguna de las técnicas descritas. A continuación, practique la relajación con los siete colores, del rojo al violeta. Cuando llegue a este último, trasládese con su imaginación al punto de transformación interior; empiece por el prado. Contemple este lugar con tranquilidad; tómese el tiempo que necesite para percibirlo todo.

- Emprenda la ascensión a la cumbre de la montaña. Una vez arriba diríjase al sol. Fusiónese cada vez más con la luz cósmica y permanezca en este estado de unidad tanto como desee.

- Tras unas palabras de gratitud, regrese al prado. Acto seguido, practique la relajación de los siete colores en el orden inverso (del violeta al rojo) hasta volver a su conciencia de vigilia. ¡Se sentirá fresco y despierto!

- Realice este ejercicio espiritual tan a menudo como le sea posible, pues es un método fantástico para alcanzar paz y armonía internas.

Capítulo 13

Disposición mental y espíritu activo

¿Cumple usted los requisitos para hacer realidad su deseo?

El verdadero núcleo del ejercicio mental es la representación mental del nuevo estado que se quiere conseguir. En los anteriores capítulos hemos abordado cómo relajarse física, mental y emocionalmente, cómo alcanzar la conciencia creativa y el punto de transformación interior para conquistar un estado de conciencia superior que le permita sentar las bases para la consecución de su objetivo.

Usted ya ha aprendido a formular en palabras e imágenes su deseo, que debe proyectar plásticamente como si se tratara de una película. También hemos subrayado la importancia del sentimiento de alegría anticipada que debe experimentar al ver su sueño realizado. Su propuesta debe formar una unidad de palabras, imágenes y emociones, y describir el objetivo ya alcanzado. Esta imagen o escena debe reproducirse en su mente con la misma intensidad que las experiencias reales, por lo que la alegría y el sentimiento de gratitud por el éxito obtenido tienen que ser asimismo reales.

Por eso es imprescindible que se identifique absolutamente con esta realidad mental. En el camino hacia el éxito la convicción constituye un factor fundamental. ¡Debe tener la certeza de que las cosas van a suceder de ese modo!

En su imaginación ya ha obtenido aquello que deseaba, lo único que necesita ahora es trasladar ese éxito a la realidad. Para ello necesitará un «desencadenante», que reside en la energía con la que usted actúe.

Debe confiar plenamente en la consecución de su objetivo. En ese sentido es imprescindible que tenga la convicción de que ha hecho todo lo necesario para que eso sea así. Para que sea efectiva la identificación con el estado o la experiencia que quiere materializar debe repetir continuamente el acto creativo. No obstante, tan importante como eso es que usted haga algo para alcanzar sus objetivos, o lo que sería lo mismo, provoque la situación, la consecución de los hechos a su favor.

Contribuya actuando enérgicamente

Partamos de esta base: en el nivel mental ya ha sentado las bases para el éxito de su proyecto. Ahora es necesario un desencadenante para que ese éxito sea una realidad. Este desencadenante sólo lo pueden activar sus acciones. De lo contrario le sucedería lo mismo que a aquel hombre de una divertida historia, que cada día le pedía a Dios: «Señor, ¡haz que me toque la lotería!». Repitió su plegaria tantas veces, y tan incansablemente, que un día surgió una voz entre las nubes y le dijo: «¡Buen hombre, si quieres que te ayude tienes que comprar un boleto!».

Con la aplicación de las técnicas de ejercicio mental no termina su cometido. Usted debe hacer todo lo que esté en su mano para llegar a su meta. ¡Debe dar una oportunidad a la vida para que le ayude!

A continuación le referiré todos los pasos que debe seguir para que su deseo se pueda hacer realidad.

Aproveche todas las fuentes de información disponibles

Hay una serie de métodos especialmente efectivos para llevarle hasta su meta. Cualquiera que sea el deseo que quiera ver cumplido, requerirá por su parte una actuación decidida. A continuación, encontrará algunas sugerencias que pueden ayudarle.

Busque en la prensa

Si usted necesita establecer algún tipo de contacto para llevar adelante su proyecto, los anuncios de la prensa pueden serle de gran utilidad. Huelga decir que tiene que buscar esa información en un diario o revista adecuados. Si su deseo, por ejemplo, es dar la vuelta al mundo en un velero, deberá pedir en el quiosco una revista especializada. En una publicación de este tipo es probable que pueda encontrar un compañero que comparta su proyecto o, como mínimo, informaciones relacionadas con esa idea.

Actualmente, existen revistas especializadas sobre las aficiones más extravagantes a las que puede recurrir. Si la sección de anuncios clasificados de esa publicación no le proporciona lo que busca siempre puede buscar consejo en la redacción de la revista.

Utilice el teléfono para consultar con expertos

Para saber el número de teléfono de una redacción lo único que necesita es buscar en el pie de imprenta de la publicación correspondiente. Es muy fácil que el redactor responsable del tema que le interesa, lleve años ocupándose de esas cuestiones, por lo que su experiencia personal puede serle muy útil. Si no le puede ayudar directamente, como mínimo podrá darle alguna dirección o teléfono donde preguntar.

Si, por ejemplo, en la revista lee un artículo sobre un navegante famoso que ha realizado una proeza que le gustaría emular o, como mínimo, intentar llevarla a cabo, no dude en llamar a la redacción para pedir la dirección de esta persona, o del redactor que ha realizado el reportaje.

Al menos tendrá la seguridad, siempre que acompañe el sobre con el franqueo necesario para la respuesta, de que su consulta llegará a la persona indicada.

Vaya «saltando» de persona en persona

Rara vez en la vida se presenta una ocasión «en bandeja de plata». Si usted planea –para no salir de nuestro ejemplo– dar la vuelta al mundo en un velero, necesitará de un cierto ingenio e imaginación para llegar a su destino.

Es muy posible que en los primeros intentos no dé con la persona adecuada para llevar a cabo su proyecto. Sin embargo, en todo el mundo encontrará personas que conocen a alguien, cuyo hermano conoce a no sé quién, el padre del cual sabía algo.

En relación con esto quisiera exponerle un breve episodio de mi propia vida. Cuando era joven se me metió en la cabeza ir a una determinada ciudad que no conocía. A pesar del desempleo que había en esa época, yo estaba tan seguro de que iba a encontrar trabajo que me puse enseguida a buscar una habitación. Caminando sin rumbo por la ciudad llegué casualmente a una pequeña calle que tenía una preciosa plaza con muchos árboles. Me gustó tanto el lugar que decidí que iba a vivir allí.

En una lechería me informé de si en esa calle había alguien que quisiera alquilar una habitación. Me dijeron que era bastante improbable, puesto que todos los vecinos llevaban mucho tiempo viviendo allí y raramente llegaba una familia nueva. De cualquier modo, me aconsejaron que preguntara a una viuda que vivía enfrente.

Esta señora tenía, por cierto, una hija encantadora con la que más adelante trabé amistad, pero no disponía de una habitación para mí. También me dijo que sería muy difícil que encontrara alojamiento en esa calle. Por si acaso, podía preguntar dos casas más adelante, allí vivía una familia de mineros que habían perdido a su hijo hacía poco a causa de un accidente. La mujer no me podía decir si esta familia estaría dispuesta a alquilarme la habitación. Fui a ese lugar y conseguí que me dieran alojamiento; y no sólo eso, me aceptaron como si fuera el hijo que habían perdido.

La dueña de la casa conocía a su vez a alguien que trabajaba en una empresa. Tal vez allí podría encontrar algo. Me puse inmediatamente en camino. El conocido en cuestión ya no trabajaba allí, pero conocía al encargado y telefoneó enseguida a la empresa. Una hora más tarde estaba sentado delante de éste y, poco después, ya tenía trabajo.

Esta manera de proceder me ha ayudado enormemente a lo largo de mi vida. Es cierto que no es muy común, pero precisamente por eso resulta tan efectiva. Si en aquel entonces hubiera ido a una agencia de habitaciones, yo hubiera sido uno de tantos que buscaban lo mismo, por lo que mis posibilidades habrían sido pequeñas. ¡Los objetivos inusuales exigen medios inusuales!

Recurra a los amigos

La gran ventaja de recurrir a los amigos o a nuestro círculo de conocidos es que pueden aportar una información muy valiosa. Si solicita un empleo por las vías acostumbradas, usted va a ser un candidato más. Sin embargo, si cuenta con la recomendación de un amigo, el cual tal vez incluso goce de una cierta posición en la empresa, sus posibilidades serán mucho mayores.

Lo que tenga que hacer, hágalo ahora

Tan pronto como sepa lo que tiene que hacer para alcanzar su meta, hágalo sin demora. De nada sirve pensar lo que podría hacer. Sólo la acción nos acerca a nuestros objetivos.

Si tiene ante sí un examen importante, póngase inmediatamente a estudiar. Si quiere hacer amistades no se limite a pensar lo fantástico que sería tener amigos, tiene que hacer algo. La oportunidad de conocer a alguien es cien veces mayor si usted sale a la calle y busca relacionarse. Si se queda en su casa es altamente improbable que venga un desconocido a conocerle.

Haga todos los días algo concreto

Esforzarse continuamente por aquello que quiere conseguir debería darse por supuesto. Si usted quiere hacer amistades no es suficiente con ir un día a un concierto o a un café y, acto seguido, volverse a encerrar en el caparazón porque no ha conocido a nadie.

Si con el tiempo ha adquirido algún mal hábito, debe trabajar todos los días para cambiarlo. Si tiene un problema de sobrepeso, puede empezar renunciando a los dulces un día a la semana, luego tres y más tarde todos los días.

Haga lo que sea preciso para lograr lo que se ha propuesto. Si se implica en el cumplimiento de su deseo, su destino le ayudará a culminarlo.

Libérese de fijaciones y actitudes innecesarias

Para llegar a una nueva situación, primero es necesario que elimine sus prejuicios y falsas concepciones. «En una taza llena no se puede verter más té», reza un proverbio chino. Lo mismo es válido para todo lo que quiera emprender: si busca una nueva pareja, antes tendrá que liberarse interiormente de la antigua. Esto no implica, por supuesto, que no deba relacionarse con otras personas, significa que debe prepararse interiormente para recibir a esa nueva persona que va a entrar en su vida.

Si quiere llegar a ser rico, debe dejar de pensar que ahora es pobre. Si busca otro empleo, olvide el antiguo, de lo contrario el nuevo no tendrá cabida.

Este espacio libre le permitirá plantar la semilla del éxito venidero, ese éxito que usted ya ha celebrado interiormente. Es necesario que asuma que en el plano mental usted ya ha asentado su propósito, por lo que su realización es sólo cuestión de tiempo.

Cuando se ha hecho lo preciso sólo cabe esperar que los beneficios lleguen. Sin embargo, tiene que tener los ojos muy abiertos para aprovechar la oportunidad que le brindará el destino.

Hágase merecedor del éxito

Un poderoso obstáculo para su fuerza creativa es que usted no esté seguro de merecer el éxito. Quizás esto le parezca banal, pero puedo decirle por propia experiencia que es un factor muy importante al que demasiadas veces no se presta atención. Del mismo modo que es necesario abrirse interiormente para alcanzar una meta, también es decisivo pensar que lo merece.

Hágase merecedor del éxito a través de su generosidad. Primero hay que sembrar, luego recoger; primero hay que dar, luego recibir. Por lo tanto debería plantearse qué está dispuesto a hacer para cumplir su deseo.

Puede proponerse, por ejemplo, ser en el futuro una mejor persona, o esforzarse en ser un buen alumno, empleado, jefe, profesor, padre o madre. Puede ayudar a una persona o familia concreta con su consejo, su tiempo, o bien económicamente. También puede pensar positivamente en esa persona o dispensarle todo su cariño y atención. Por último, tiene la posibilidad de «sacrificar» un mal hábito, por ejemplo evitar su mal genio, los celos o dejar de fumar.

Muchas personas toman sin dar nada a cambio y, a menudo, obtienen lo que quieren. No obstante, tarde o temprano, el destino les pasa factura: el egoísmo destruye la armonía de la creación.

Debe estar seguro de que actúa adecuadamente

La convicción y la seguridad inquebrantables de que su propósito va a triunfar, una vez haya visto el éxito en su pantalla interior, es un pilar básico del ejercicio mental. Sin embargo, en el día a día tendrá que hacer todo lo necesario sin el acoso de la duda. Todo lo que usted emprenda para dar un giro positivo a su vida debe ir acompañado del convencimiento profundo de su efectividad. Esa convicción no sólo tiene que existir en sus visualizaciones, también tiene que aplicarla a sus acciones.

Como es natural, su aspecto físico también desempeña un papel importante en el éxito de sus planes. Si su deseo es encontrar pareja, deberá cuidar su apariencia y manera de actuar. En muchos casos, la primera impresión es muy importante.

Por lo tanto, deberá extremar el cuidado de su vestimenta, sus gestos y, especialmente, la expresión de su voz. Tampoco es necesario que siga un curso de retórica. Puede obtener una idea aproximada del efecto que produce en las otras personas simplemente hablando mientras se mira al espejo. Preste atención al sonido de su voz. ¿Cómo reaccionaría a esa voz si fuera otra persona? Corrija, si es necesario, su modo de hablar con la ayuda del espejo.

Para convencerse de que actúa adecuadamente debe asumir que hay ciertos requisitos que debe cumplir. En el ejemplo anterior de la vuelta al mundo en un velero implicaría, evidentemente, aprender a navegar en un barco de vela, pero también hacer cursos de natación, salvamento, submarinismo, o incluso de derecho marítimo internacional.

Con el ejercicio mental se puede conseguir básicamente todo lo que está al alcance de la persona. Sólo un soñador intentaría emplear el ejercicio mental para ser piloto de aviación o para viajar a la luna sin cumplir los requisitos necesarios. Cuando desee algo procure tocar siempre con los pies en el suelo, de lo contrario desperdiciará su energía inútilmente. Todo esto demuestra lo importante que es actuar para recoger los frutos del ejercicio mental.

Capítulo 14

Práctica del ejercicio mental

Resumen de los ocho pasos hacia el éxito

A continuación me propongo describirles una vez más los pasos que debe dar para alcanzar sus retos personales con la ayuda del ejercicio mental. En cada uno de ellos, se enumeran, de forma resumida, los requisitos que deben cumplirse o las acciones que deben emprenderse.

Primer paso:

- Responda a las preguntas:
  ¿Qué quiero?
  ¿Quiero eso realmente?
  ¿Estoy dispuesto a esforzarme para alcanzar mi objetivo?
  ¿Es mi deseo suficientemente fuerte?
  ¿Perjudica mi deseo a otras personas?
- Defina el deseo con una serie de imágenes detalladas que pasan por el «ojo interior» como una película breve.
- Elija una fórmula breve y concisa que abarque el objetivo fijado. Ésta debe formularse de modo afirmativo y en presente, nunca en futuro.

- Experimente la satisfacción de haber triunfado como si respondiera a un éxito real. Sienta, asimismo, un sentimiento de alegría y gratitud por la meta alcanzada con anticipación.

Segundo paso

- Elija un momento concreto del día para practicar el ejercicio mental.
- Busque un lugar tranquilo donde no puedan molestarlo.
- Practique el ejercicio mental con el estómago ni muy lleno ni muy vacío.
- Procure que la habitación esté bien aireada.
- Realice el ritual personal introductorio.
- Relájese para practicar los ejercicios.
- Adopte la postura del faraón.
- Empiece con la respiración completa rítmica.
- Llénese de la energía vital del *prana*.
- Alcance y permanezca un tiempo en estado de perfecta relajación.

Tercer paso, viaje al punto de transformación interior

- Imagine la escala de colores compuesta por el rojo, naranja, amarillo, verde, azul, lila y violeta, hasta alcanzar el estado de conciencia creativa.
- Atraviese el prado imaginario hasta la montaña que simboliza su personalidad y suba a la cima.
- Fusione la luz de su conciencia corporal con la luz de su «corazón espiritual», dejando que la luz penetre por todo su cuerpo.
- Una su propia luz con la del sol, que simboliza la conciencia cósmica a la que su yo superior pertenece.

Cuarto paso

- Evoque con toda claridad la situación ideal que quiere alcanzar e identifíquese totalmente con esa imagen.

~ Repita continuamente una fórmula que describa su deseo.
~ Llene su deseo con la energía cósmica del *prana*.
~ Acompañe la imagen de su deseo cumplido de un sentimiento de alegría, entusiasmo y afirmación.

Quinto paso

~ Acepte completamente la situación ideal a la que quiere llegar como parte de su destino.
~ Tenga la certeza de que con el ejercicio mental está plantando la semilla del éxito, que ya es realidad en un nivel más sutil.
~ Sienta gratitud por haber alcanzado su objetivo. En el plano mental ya ha llegado a su meta. Este sentimiento de gratitud es muy importante.

Sexto paso

~ Despréndase de la idea del deseo cumplido y baje mentalmente la montaña hasta llegar nuevamente al prado.
~ Al llegar al prado, recorra a la inversa la escala de colores antes mencionada, es decir: violeta, lila, azul, verde, amarillo, naranja y rojo, hasta recuperar la conciencia de vigilia.

Séptimo paso

~ Practique el ejercicio mental todos los días y a la misma hora, hasta conseguir que su deseo se haga realidad en el plano material.
~ Evoque día a día su objetivo con palabras e imágenes, aceptándolo interiormente y creyendo firmemente en su materialización, lleno de alegría y gratitud.
~ Para reforzar el paso anterior, escriba su deseo en varias fichas y ponga estos mensajes en lugares estratégicos de la casa para que le recuerden su objetivo en todo momento y lugar.

Octavo paso

- ~ Aproveche todas las oportunidades que se le brinden para alcanzar su meta.
- ~ Contacte con personas que puedan ayudarle.
- ~ Lea los libros y revistas adecuados.
- ~ Perfecciónese para lograr sus objetivos.
- ~ Evite cualquier contacto perjudicial que pueda dificultar su misión.
- ~ Aproveche la prensa y el teléfono.
- ~ Avance hacia su objetivo actuando.
- ~ Corrija sistemáticamente sus debilidades
- ~ Abandone las conductas y hábitos incorrectos.
- ~ Hágase merecedor del éxito ayudando a otras personas.
- ~ Cuide su aspecto físico, sus gestos, su modo de hablar y su voz.
- ~ Avance hacia su objetivo con voluntad de hierro.
- ~ Crea firmemente que su deseo se va a hacer realidad.

La técnica de los veintiún días

En su proyección mental el objeto de su deseo se ve cumplido a un nivel sutil. No obstante, para llevar adelante su propósito en la vida diaria será necesario que tenga muy presentes las propias coordenadas de su meta.

Por esta razón, le he recomendado dedicar todos los días un tiempo determinado para practicar el ejercicio mental y alcanzar un estado de conciencia creativa. Sólo una constante repetición y fijación de su deseo y su firme voluntad de realizarlo pondrán en marcha las fuerzas creativas de la vida.

Además de reiterar su objetivo deberá estar convencido de llevarlo a la realidad. El que siembra trigo puede estar seguro de que, si ha respetado el ciclo de este cereal, recogerá la cosecha en su debido momento. Del mismo modo, si planta y cuida adecuadamente la simiente mental, ésta prosperará necesariamente.

Aparte de la práctica regular del ejercicio mental (preferiblemente en la postura del faraón), existen distintos métodos para otorgar a su deseo los cuidados que necesita para realizarse. Éste es el propósito de la técnica de los veintiún días. Dicho método únicamente exige de usted que, durante veintiún días, antes de dormirse reproduzca su deseo con toda claridad, de modo que se duerma con esa imagen.

Por lo tanto, apague la luz al acostarse e intente dormirse después de ejecutar el ejercicio sin que le dé tiempo a pensar en otra cosa distinta.

Una vez dentro de la cama, relájese y entréguese al estado de conciencia creativa y al punto de transformación interior. Evoque en su mente la imagen de su deseo y trate de percibirla con todos los detalles. Luego concéntrese en la fórmula que define su gran deseo. Imágenes y palabras deben constituir un todo indisoluble.

Acto seguido, colme de *prana* su proyecto y vierta en él toda su alegría y esperanza. Su entusiasmo debe ser tan grande como si hubiera alcanzado ya el éxito materialmente. Toda su energía debe dirigirse a su alto propósito. Siéntase agradecido porque su deseo –mentalmente– ya le ha sido concedido.

Sin abandonar el estado de profunda relajación, retenga este pensamiento en su conciencia hasta que le venza el sueño. ¡Su última imagen antes de dormir debe ser la de su objetivo!

Al despertarse por la mañana, el primer pensamiento del día debería ser ese mismo. Tiene que evocar la imagen con la que se durmió antes, incluso, de abrir los ojos.

Si aplica este método infatigablemente durante veintiún días, su deseo quedará tan grabado en su subconsciente que éste pondrá todo de su parte para materializarlo. Tenga por seguro que, pasado este tiempo, no escatimará esfuerzos en ese sentido. Como mínimo va a acercarle decisivamente a su meta.

Naturalmente, durante estos veintiún días sólo tiene que tener ese deseo en su mente, de modo que toda la energía disponible se canalice hacia su materialización.

Resumen del método para la rutina cotidiana

Aproveche cualquier ocasión en su jornada diaria para practicar brevemente el ejercicio mental. Esta práctica contribuye a crear la energía necesaria para hacer avanzar el proceso. De esta manera también aprenderá a acceder más rápidamente a la conciencia creativa y a la relajación en general.

Asimismo, estos ejercicios reducirán sensiblemente el tiempo que necesita para relajarse, por lo que podrá invertir más tiempo en la visualización de su objetivo. Proceda de la siguiente forma:

- Retírese a un lugar tranquilo donde nadie pueda molestarle. Omita el ritual introductorio; practique directamente la relajación con los colores hasta alcanzar el violeta, el estado de conciencia creativa y el punto de transformación interior.
- Evoque, a continuación, la montaña que simboliza su personalidad al mismo tiempo que su objetivo, e identifíquese con él.
- Permanezca un rato en este estado. A continuación, descienda la montaña y practique la relajación de los colores invirtiendo el orden hasta llegar al rojo, momento en el que regresará a su estado de conciencia normal.

En este ritual personal he omitido, en aras de una menor duración, otros tipos de relajación, la respiración completa rítmica, la paz interior perfecta y la carga de *prana* en el deseo. No obstante, si usted tiene oportunidad, es recomendable que los practique.

Mantenga siempre viva la conciencia de su éxito

Cuanto más a menudo visualice la realización de su deseo más rápido llegará a ella. Una actitud llena de convencimiento y esperanza dotará sus actos de una energía enorme. Repítase una y otra vez que el objetivo a lograr está al alcance de su mano, el proceso está en marcha y la vida juega a su favor. En menos tiempo del que se imagina, el éxito será un hecho. Sienta gozo y gratitud por el proyecto que está a punto de materializarse. Ábrase interiormente para recibir el éxito.

Para tener presente su propósito en todo momento, puede hacer lo que sigue: escriba la fórmula que define su objetivo en una ficha y póngala en un cajón de su escritorio. Asimismo, lleve siempre encima un «recordatorio» de su propósito, por ejemplo, un nudo en el pañuelo –servirá cualquier cosa que le recuerde su objetivo.

El convencimiento ininterrumpido de que su deseo está «en marcha» le animará, además, a examinar si sus acciones favorecen o entorpecen su camino hacia el éxito. Para alcanzar su meta tiene que concentrar toda su energía sobre ella. Recuerde que no hay energía más poderosa que el convencimiento de que va a conseguir llevar a cabo su propósito.

Capítulo 15

El pensamiento creativo y el arte de vivir

Pensar positivamente implica hacer lo mejor en cada momento

A lo largo de todo el libro hemos visto cómo el poder del pensamiento puede influir en los distintos aspectos de la vida. Los pensamientos negativos atraen consecuencias negativas, mientras que los positivos, a su vez, dan lugar a experiencias positivas. Dado que los pensamientos siempre van acompañados de emociones, esto será igualmente aplicable a ellas.

La Biblia comienza con al frase: «Al principio fue la palabra». Sin embargo, el término griego *logos* (palabra) también puede significar «pensamiento». Así pues, la frase inicial de la Biblia podría haberse traducido: «Al principio fue el pensamiento».

En realidad, el pensamiento es la facultad creativa fundamental de todo ser humano: las ideas siempre van por delante de los actos. Todo pensamiento es un proceso creativo que da lugar a unas determinadas consecuencias.

Hay una canción muy antigua que dice: «El pensamiento es libre». Pero ¿es verdaderamente libre? Cada uno puede pensar como quiera, está en su derecho, pero si queremos gobernar nuestra vida tendremos que aprender a pensar «correctamente», es decir, de modo positivo. La mayoría de las dificultades que se nos presentan en la vida son consecuencia de nuestro pensamiento negativo, es decir, incorrecto. ¡Mientras no aprendamos a dominar nuestros pensamientos estaremos sometidos a ellos y a sus consecuencias imprevisibles!

Seguro que usted conoce un buen número de convenciones y fórmulas de cortesía con las que nos complicamos la vida los unos a los otros. Cuando nos preguntan por nuestra salud, respondemos: «¡podría ser peor!» o «no está mal». De este modo no hacemos más que confirmar y reforzar el estado de carencia, empeorando nuestra situación. ¿Cómo podemos pretender resolver nuestros problemas si no hacemos más que reforzarlos?

Nuestro pensamiento dota la energía cósmica universal –hasta allí donde llega nuestra radiación– de carga positiva o negativa. Cuanto más nos identificamos con una idea –sea ésta constructiva o destructiva– más nos aferraremos a ella y más rápidos y seguros serán los resultados. Por lo tanto, cuanto más nos abandonemos a los pensamientos negativos, mayor será la probabilidad de que nuestros temores se confirmen. En cambio, si reforzamos nuestras emociones y pensamientos positivos, sentaremos las bases para el éxito y el bienestar.

El ser humano tiene libertad para elegir lo positivo o lo negativo. Esta libertad podemos aprovecharla en nuestro favor o en nuestro perjuicio. La decisión es sólo suya. ¡Usted es lo que piensa! Por lo tanto, tenga una actitud positiva y constructiva hacia la vida y hacia usted mismo. Aquello que siembre será lo que cosechará. Contemple las dificultades como lo que verdaderamente son, una oportunidad para aprender. ¡El que no quiera aprender deberá soportar duras lecciones de repaso!

Es absurdo achacar los fracasos a la mala suerte, ya que en muchos casos somos nosotros mismos los que los provocamos con nuestra actitud. Si queremos progresar es imprescindible que aprendamos de nuestros errores y los sustituyamos por pensamientos y actos positivos. Sólo los niños dependen de sus padres y de su entorno.

No sería inteligente, por su parte, comportarse como un niño y culpar a las circunstancias de sus propios defectos. Hasta que no asuma la responsabilidad de sus actos y pensamientos no podrá tomar el control de su destino.

Si quiere dar un giro positivo a su vida deberá poner de su parte. El éxito llegará en la medida que usted sea capaz de sustituir las concepciones negativas por otras positivas. Nuestra imaginación es un «artista» que manipula con sus sutiles pinceles la materia prima de la vida.

Que nuestro pensamiento condiciona nuestra vida es una evidencia ante la que debemos doblegarnos. Por eso es importante que tomemos conciencia de él. Si usamos nuestro pensamiento de manera creativa y dotamos nuestras ideas de confianza y entusiasmo, si trabajamos para el éxito con todo nuestro corazón, nuestros afanes darán, sin lugar a dudas, los frutos deseados.

Si aun así alguien afirma que el pensamiento positivo no le ha ayudado a resolver sus problemas, probablemente se deba a que en realidad no ha pensado positivamente. Pensar de manera positiva no significa huir de los pensamientos desagradables, sino hacer lo mejor en cada situación. Nadie esta a salvo de las dificultades y sinsabores que nos depara la vida. Afrontar estos desafíos es el verdadero sentido de nuestra existencia. Si la vida le reserva un plato amargo, ¿por qué no endulzarlo? ¡Piense en el futuro en términos de éxito, no de fracaso! No es necesario recurrir a teorías esotéricas para entender que el pensamiento positivo mejora nuestra vida. La misma razón nos dice que no sirve de nada quejarse de una desgracia cuando ésta se produce. Es mucho mejor aprovechar nuestras facultades y nuestra energía para resolver un problema, por difícil que sea. En los ejemplos que expondré a continuación verá claramente lo que significa el pensamiento positivo.

Crisis de pareja

Un hombre controla a su esposa. Le prohíbe hablar con otras personas e impide que entable cualquier relación amistosa.

Normalmente, reaccionamos con indignación ante este tipo de conducta. No obstante, esta situación también tiene su lado positivo: el comportamiento dominante del marido ofrece a la mujer la oportunidad de autoafirmarse.

Todo el mundo puede dar órdenes. Sin embargo, a cada uno le toca determinar si las obedece o no.

En el ejemplo citado, no sólo la mujer puede aprender a hacer valer sus derechos. El hombre puede, asimismo, preguntarse si está preparado para ello, por qué vive atormentado por el miedo a perder a su mujer.

Si hay buena voluntad por ambas partes, estas crisis pueden contribuir a la madurez de la pareja.

Desempleo

Tampoco este grave problema actual tiene que ser interpretado como la peor de las desgracias. El desempleo puede ser una excelente ocasión para replantearse la vida y preguntarse, por ejemplo, qué actividad le gustaría realmente desempeñar en el plano profesional.

Conozco el caso de una mujer cuya empresa, después de veinticinco años de prosperidad, fue a la quiebra debido a la ineptitud de uno de sus socios. Por otra parte, su marido había muerto hacía algún tiempo, por lo que se encontró de repente sin recursos. Sin embargo, esta mujer no se conformó con cruzarse de brazos, sino que reaccionó rápidamente. Se puso inmediatamente a trabajar, y creó una pequeña empresa de venta de libros por correo. Naturalmente, al principio, los beneficios fueron mínimos, y tuvo que trabajar mucho a cambio de casi nada. No obstante, ella sabía que quejarse era inútil, y siguió perseverando en su labor. Un año más tarde fundó un centro de asesoramiento personal que fue todo un éxito. Entretanto la empresa de venta de libros empezó a su vez a funcionar, con lo que la mujer combinaba su actividad en la empresa con los seminarios de pensamiento positivo.

Su enfoque optimista de la realidad hizo milagros. No dejaba de trabar amistad con personas que luego le resultaban de gran utilidad y, tras ese primer año, me dijo abiertamente: «Al principio me costó mucho desprenderme de mi antiguo empleo, pero ahora me siento feliz de que el destino me haya deparado este contratiempo. Si la empresa no hubiera quebrado, nunca habría descubierto que la misión de mi vida era otra muy distinta. Si la empresa hubiera seguido funcionando, no creo que hubiera cambiado de empleo. No hubiera tenido motivo para hacerlo. Sin embargo, ahora sé que éste es mi lugar».

Hay incontables ejemplos como éste. Que una persona se quede sin trabajo no significa que esté condenada a la inactividad para el resto de sus días. Lo que quiere decir es que necesita un cambio y que, por lo tanto, debe emprender las acciones necesarias. Sólo el hecho de tener todo el día libre para buscar trabajo, formarse, hacer contactos o, simplemente, reflexionar constituye una oportunidad inmejorable para volver a empezar.

Deténgase a pensar cuántas personas sufren de estrés en su trabajo. Un desempleado, en cambio, tiene ante sí un mundo de posibilidades extraordinarias. Naturalmente, tiene que cambiar de orientación, ya que se encuentra en el paro. A pesar de ello, este cambio de perspectiva puede representar el inicio de un período vital más fructífero.

Cuando la muerte, la enfermedad o la carestía llaman a la puerta

Una muerte en el seno de la familia no es sólo un acontecimiento triste, sino que, a su vez, obliga a sus miembros a enfrentarse con la cuestión de la existencia.

Para los que creen en la vida después de la muerte, o bien en la reencarnación, la muerte no resulta tan amenazadora. No obstante, todo el mundo debería asumir el hecho de que la vida es limitada, por lo que hay que aprovecharla al máximo. Sólo ante la perspectiva de que la vida no es infinita, podemos valorarla debidamente.

Por lo demás, las personas que han sabido dedicar su existencia al beneficio de su comunidad afrontan la muerte con serenidad que las que la han desperdiciado inútilmente. De la misma manera, a las primeras les resultará más fácil consolar a un enfermo.

Cuando una persona pasa por dificultades económicas, se enfrenta al reto de ordenar nuevamente su vida. Además, tendrá la oportunidad de poner a prueba la generosidad de sus allegados, sin que ello signifique, necesariamente, que tengan que pagar sus deudas o mantener a esta persona. Más importante que la ayuda material, es el apoyo moral y los consejos que nuestros seres queridos pueden ofrecernos. Cada uno debe asumir sus responsabilidades. Nunca evolucionaremos mientras vengan otros a «ahorrarnos» los malos tragos.

En especial, los padres tienden a sobreproteger a sus hijos. De esta manera los niños no aprenden a enfrentarse a la vida y son incapaces de resolver sus problemas por sí mismos. «¡Pero es mi hijo!», dirá más de uno. Este tipo de padres impiden que el niño se desarrolle con normalidad. Una actitud excesivamente protectora por parte de los padres acaba por ir en detrimento de los hijos, que en el futuro no estarán preparados para afrontar los primeros reveses de la vida.

No lo olvide: ayudar a alguien no implica hacer el trabajo por él. Las personas topamos siempre con los mismos problemas hasta que aprendemos a resolverlos. Cuanto antes encontremos la solución, tanto mejor.

¿Qué pueden enseñarnos las experiencias traumáticas?

Pensar de manera positiva significa asumir que todas las experiencias –en especial las más desagradables y traumáticas– nos ofrecen la oportunidad de aprender. Aun cuando nuestra comodidad o cobardía nos induzcan a evitar el riesgo de nuevas experiencias, la vida nos obligará a enfrentarnos con nosotros mismos de otra manera, de forma que extraigamos las enseñanzas necesarias.

Si estudiamos con profundidad el desarrollo de la personalidad reconoceremos que no hay nada «negativo» en sí mismo. Puede que nos resulte más cómodo creer que es así, pero las experiencias negativas son absolutamente necesarias para la madurez de la persona.

Los contratiempos que sufrimos suelen ajustarse a nuestras fuerzas y posibilidades. Normalmente, el destino no nos plantea un reto si sabe que no somos capaces de resolverlo.

El pensamiento positivo en ningún caso debe llevarnos a ignorar las injusticias y sufrimientos que tienen lugar en la realidad. El que piensa positivamente conoce este principio fundamental: nada ni nadie puede dañar su verdadero yo, ya que éste está más allá de la rueda del nacimiento, la enfermedad y la muerte.

Cada día asistimos a nuevas pruebas de sufrimiento humano: cuando hablamos con vecinos, compañeros, amigos, o a través de la prensa, radio o televisión. ¿Cómo reaccionar ante el cúmulo de desgracias que se suceden cada día en el mundo? Lo mejor, una vez más, es adoptar una actitud positiva. Si, por ejemplo, alguien le cuenta sus problemas, piense inmediatamente en soluciones. Eso implica no limitarse a escuchar, sino mirar cómo puede serle útil a la otra persona. Si alguien le explica que está sufriendo una enfermedad debe intentar, si está en su mano, darle algún consejo para su restablecimiento.

Con relación a esto, una participante de uno de mis seminarios me dijo una vez: «¿Sabe?, señor Tepperwein, mi madre es muy mayor y, como todas las personas de su edad, se pasa el día hablando de sus enfermedades. Cada vez que saca el tema a relucir, yo la dejo hablar, ya que creo que quizá la alivie un poco hablarme de ello. A fin de cuentas, es una mujer mayor y no creo que vaya a cambiar ya».

Le expuse a esta joven por qué su actitud no era la correcta, ya que perjudicaba a ambas partes: en primer lugar, nadie es demasiado mayor para cambiar. Conozco a muchas personas mayores perfectamente lúcidas y activas. Todo individuo puede evolucionar intelectualmente, según su capacidad. Los jóvenes seguramente necesitarán menos tiempo que una persona mayor; no obstante, lo importante es esforzarse para progresar.

La mujer mayor del ejemplo también se perjudica a sí misma, ya que al hablar a su hija de sus enfermedades se concentra en un estado de carencia –en este caso, la enfermedad– que refuerza aún más sus dolencias. Si una persona siempre está pensando en la enfermedad, no debe extrañarse de que ésta aparezca. Del mismo modo, si permitimos que alguien se concentre exclusivamente en sus defectos y debilidades le estaremos haciendo un flaco favor. De nada sirve quedarse a contemplar cómo una persona se está perjudicando sin intervenir para ayudarla.

Rompa las cadenas del pensamiento negativo

Si no quiere estar siempre anclado en el pensamiento negativo, deberá tomar conciencia de él para corregirlo. Para adoptar una actitud positiva ante la vida, a partir de ahora tendrá que fomentar en usted estos valores:

- **Optimismo.**
  Evite pensar que una tarea es difícil antes de realizarla. El que ve dificultades a cada paso se complica la vida innecesariamente. Esta actitud es superflua, especialmente cuando se debe realizar algo forzosamente. Cuando afrontamos los retos con optimismo damos lo mejor de nosotros mismos y no nos dejamos amilanar por temores o dudas.
- **Confianza.**
  Si usted se ha marcado una meta determinada tiene que confiar en que su actitud mental positiva le ayudará a alcanzarla. Las dudas son un veneno que mina la fuerza de nuestra convicción. Toda duda tiene su origen en el miedo al fracaso. Ese temor es una traba importante para conseguir nuestros objetivos. La confianza en nuestras propias capacidades es, por tanto, imprescindible para el éxito.

- **Paciencia.**
  Si cada uno de nuestros pensamientos tuviera un efecto inmediato llegaríamos a poner en peligro nuestra propia vida. Cualquier pensamiento casual sobre un accidente acabaría llevándonos al hospital. Por este motivo, la naturaleza ha dispuesto que sólo los pensamientos de una cierta intensidad puedan materializarse. En consecuencia, no podemos esperar que el primer pensamiento que se nos pase por la cabeza vaya a repercutir en la realidad.
- **Perseverancia en el pensamiento positivo.**
  Esfuércese a partir de ahora en mantener alejados las emociones y pensamientos negativos. Para ello debe sustituir estos contenidos por otros positivos y constructivos. Cuanto más alegres y relajados sean sus pensamientos y mayor sea su confianza en el proyecto que se ha propuesto, más fácil le resultará llevarlo a cabo.
  La perseverancia en los actos y pensamientos positivos sólo se aprende practicando. Oblíguese, aunque sólo sea por una hora, a pensar y actuar positivamente. No permita que ninguna idea se interponga en su propósito. Comprobará cómo el resultado de este cambio de actitud es inmediato. Si es honesto consigo mismo, tendrá que admitir que su actitud despectiva hacia su entorno es la causante del rechazo que pueden experimentar muchas personas hacia usted. Casi nadie está libre de la tendencia a enjuiciar, y con ello a condenar, todo lo que le rodea. También es corriente que, escarmentados por malas experiencias pasadas, no demos a una persona la oportunidad de subsanar un error. Bien es sabido lo mucho que cuesta desprenderse de una opinión, una vez ésta ha entrado en nuestra mente. Intente, por lo tanto, hacer frente a cada persona y a cada situación sin prejuicios. Deje que siga su curso aquello que no pueda cambiar, y conceda a los demás el derecho a tener su propia opinión. Todas las opiniones son igual de válidas. Usted mismo se sorprenderá de cómo su vida se vuelve más relajada y libre de preocupaciones al interiorizar este principio.

Desde el momento que destierre todas las emociones y pensamientos negativos notará que la vida es mucho más fácil y placentera. El pensamiento positivo es el método más efectivo contra el estrés. Si contempla sus retos personales como una tarea que usted es capaz de cumplir quedará a salvo del temor al fracaso. ¡Aproveche todo lo que la vida le ofrece! Cuanto más positiva sea su concepción de las cosas más libre de espíritu se sentirá. En ese caso, sentimientos como la envidia, los celos, la irritación o las preocupaciones no tendrán cabida en usted. Éstos sólo son producto del pensamiento negativo. Si aprende a aceptar de buen grado lo que la vida le ofrece, no quedará lugar para los sentimientos autodestructivos. Éstos no tienen sustancia propia, están en nuestro interior en la medida que nosotros los aceptamos. Una vez los hayamos reconocido, ya no podrán actuar impunemente. Para ello, sin embargo, es imprescindible rechazar absolutamente este tipo de contenidos. Sólo así evitaremos consumirnos en la duda, el miedo, o los complejos de inferioridad y de culpa.

Si usted logra durante todo un mes adoptar una actitud positiva ante la realidad, comprobará que se le presentan muchas más oportunidades que antes. En todas partes encontrará personas dispuestas a ayudarle, y los «golpes de suerte» llegarán cuando los necesite. De acuerdo con la ley de la resonancia, su actitud positiva hacia el mundo le será retribuida en forma de consecuencias beneficiosas para sus intereses. No lo olvide: su subconsciente necesita información clara y concisa para gobernar sus actos.

Actitudes erróneas que debe evitar a toda costa

Si quiere que las energías positivas conduzcan su vida, antes tendrá que desterrar los malos hábitos que haya adquirido. Para ello le recomiendo:

- **Tache de su vocabulario todo lo negativo.**
  Un método sencillo para ejercitar el pensamiento positivo consiste en sustituir cualquier palabra negativa que empleemos por otra positiva. Las palabras que usted utiliza reflejan sus sentimientos. Por lo tanto, el lenguaje puede, a su vez, repercutir en su vida emocional, ya que un nuevo modo de hablar obligará a su pensamiento, y con él a sus emociones, a tomar una nueva dirección.
- **Evite recurrir al típico «si...».**
  Muchas personas se pasan la vida pensando qué hubiera pasado si... ¡Ésta es una lamentable pérdida de tiempo! Puesto que el pasado ya no se puede cambiar, los pensamientos útiles son los que se proyectan hacia el futuro. Olvídese, pues, del pasado y céntrese en el presente. Los reproches son veneno para el alma y no hacen más que entorpecer su camino. Reemplace este «si...» por una proposición del tipo «ahora empiezo...» o «la próxima vez haré...». Tal como he dicho anteriormente, el pensamiento positivo consiste en extraer lo mejor de cada situación y actuar en consecuencia.
- **Olvídese de las disculpas y justificaciones.**
  Todo el mundo recurre a excusas con las que justificar sus negligencias. Las justificaciones sirven, básicamente, para legitimar la apatía de cada uno.

No sólo hay actitudes erróneas, también hay justificaciones recurrentes que sólo consiguen anquilosarnos y afirmar dichos comportamientos negativos. A continuación, expongo las frases más usuales y que sólo fomentan el autoengaño.

Tengo tanto trabajo que no me queda tiempo para ocuparme de las cuestiones importantes de la vida. ¿Por qué quiere amargarse el resto de su vida consagrando su tiempo a meros beneficios materiales? Si está tan descontento con su vida hasta el punto de haber leído este libro hasta aquí, ya habrá dado el paso más importante. Olvídese por un momento de su futuro profesional y profundice en las grandes preguntas de la humanidad. Le aseguro que es una buena inversión.

Soy demasiado mayor para empezar algo nuevo. Es verdad que con la edad se vuelve más difícil romper con ciertos hábitos arraigados, ¡pero eso no significa que sea imposible! Prueba de esto son los karatekas de ochenta años o las personas de edad avanzada que se deciden a saltar en paracaídas. Cada uno decide dónde quiere fijar el límite de sus posibilidades. Si usted excluye una alternativa antes de llevarla a cabo, nunca va a triunfar en la vida.

En cambio, si consagra sus energías a conseguir la meta que se ha fijado, el éxito llegará antes o después, independientemente de su edad. ¿Qué importancia tienen unas cuantas semanas o incluso un mes?

Mi familia y mis amigos me desaconsejan que lo intente. Uno de los principales objetivos del ejercicio mental, al tiempo que piedra angular del pensamiento positivo, es aprender a actuar sin dejarse influir por las preferencias de los demás. Puede ser que a sus allegados les parezcan ridículos sus empeños. Sin embargo, si mantiene una actitud positiva, con la práctica del ejercicio mental llegará indefectiblemente a su meta.

Tampoco debe por ello convertirse en un marginado o un solitario, pero la independencia de las opiniones de los demás es una premisa importante para alcanzar el éxito.

No puedo creer que mis planes se hagan realidad. No es necesario que crea ciegamente en el éxito, lo único importante es que se esfuerce en alcanzarlo. Pruebe simplemente los efectos del pensamiento positivo y el ejercicio mental. Dado que la convicción es esencial para que el ejercicio mental funcione, tenga la certeza de que va a triunfar. ¡Con el éxito se disipará cualquier duda que hubiera podido albergar sobre ello!

Caigo una y otra vez en los mismos errores. Está claro que es difícil eliminar de raíz los vicios adquiridos y dar a la vida un nuevo enfoque. Sin embargo, si usted no lo hace, nadie lo hará por usted. Sólo hay una persona que puede cambiar su situación: ¡usted mismo!

La única manera de romper con los viejos errores y salir de la apatía es plantearse al principio pequeños retos. Cuando los supere cobrará nuevas energías para enfrentarse a desafíos de más calado. Por muy buena disposición que tengan los demás para ayudarle, sólo usted puede salir del atolladero. Siempre hay ocasión de empezar de cero, y la oportunidad de cambiar su vida es mejor hoy que mañana.

Después del trabajo estoy tan cansado que no tengo ganas de nada. El ejercicio mental le ayudará a reducir el estrés y a organizar su tiempo de modo más eficaz. Aun cuando haya tenido una dura jornada de trabajo, el ejercicio mental es como un juego con el que podrá relajarse. Lo único que exige de usted es que quiera de verdad alcanzar su meta.

Si su deseo es realmente importante, sentirá placer al verlo realizado mentalmente, de manera que pueda trasladarlo a la realidad en la siguiente fase. A medida que avance en la práctica, su meta se le presentará más nítida, hasta materializarse. Si trabaja con entusiasmo y alegría en pos de la consecución de su objetivo, el cansancio posterior al trabajo desaparecerá por completo.

Exprese el pensamiento positivo también con su lenguaje

La palabra hablada es más poderosa que cualquier pensamiento que podamos abrigar. Por esta razón le recomendé pronunciar la fórmula en voz alta. Procure recitar su *mantra* personal con espíritu positivo, tanto en la forma como en el contenido, reforzando cada vez más el mensaje. Evite usar, por tanto, palabras como pobreza, enfermedad, absurdo, etcétera. Los términos que definen estados de carencia o negatividad, lo desvitalizan y restringen sus posibilidades.

Ya ha aprendido lo importante que es para el éxito reemplazar los pensamientos negativos por otros positivos, así como rectificar los errores posteriormente en su conciencia para evitarlos en el futuro. Del mismo modo, cada vez que se sorprenda pronunciando una palabra con carga negativa debe substituirla de inmediato por otra que genere confianza y realización.

Relaciónese con personas positivas

¡Dime con quién vas y te diré quién eres! Las personas con las que nos relacionamos cada día ejercen gran influencia sobre nosotros y nuestra manera de vivir. Observe simplemente cómo cambia su modo de actuar cuando se halla en compañía de personas positivas o negativas.

Si una persona sufre una depresión, no le ayudará precisamente relacionarse con otras que padecen el mismo problema, ya que la energía negativa aún se incrementaría más. En cambio, debería buscar el contacto con personas de pensamiento positivo, personas alegres que sepan aprovechar el tiempo para crecer y forjarse su destino. Lo mismo puede decirse de aquellas que son miedosas o aprensivas.

Analice su círculo de amistades y pregúntese quién le ayuda a avanzar y quién le «absorbe» toda la energía. Cuando queda con un amigo determinado, ¿se siente después activo e ilusionado o, por el contrario, apático y agotado? Reúna suficiente valor para romper con las amistades que no le aportan nada y procúrese un entorno en el que pueda desarrollar óptimamente sus facultades.

En sus relaciones sociales se reconoce el carácter de un individuo, pero a su vez sus amigos y conocidos repercuten en su personalidad. Relaciónese, por tanto, sólo con personas de espíritu positivo que ejerzan una influencia benéfica sobre usted.

También hay que aprender a decir «no»

Quien quiera ser algo en la vida tendrá que aprender a hacer valer sus criterios. Las personas que nunca dicen «no» se arriesgan a que los otros se aprovechen de ellas, a la vez que son víctimas de sus propios impulsos.

Decir «no» en realidad significa decir «sí» a la propia identidad. Un «no» claro y justificado contiene una afirmación implícita a valores más elevados.

Si usted sabe lo que quiere, debe ser valiente y defender su posición. Sólo así tendrán valor sus decisiones, por mucho que exista el peligro de equivocarse. ¡Quien nada arriesga nada gana!

No obstante, el valor tiene que ir acompañado de la constancia. Sólo si persigue su objetivo con tenacidad, pero sin dejar de tocar con los pies en el suelo, el pensamiento positivo dará los frutos deseados. Si sus afanes carecen de constancia, deberá potenciar esta cualidad con la ayuda del ejercicio mental.

Si piensa y actúa positivamente sus esfuerzos se verán retribuidos. Sin embargo, no basta con mostrar valor en una sola ocasión, ya que en la vida, cuando se resuelve un problema, aparece otro nuevo. Ser positivo implica aprovechar los recursos que nos ofrece la vida y perseverar. El verdadero pensamiento positivo no se deja intimidar por nada. No basta con tener buenas intenciones, hay que ganarse el triunfo día tras día. En su camino hacia el éxito deberá tomar decisiones importantes. Para ello es importante que aprenda a desterrar hábitos y prejuicios que le apartan de la meta que se ha marcado. Su ilusión y esfuerzo constante harán el resto del trabajo.

Epílogo

En el alma de cada ser humano palpita el anhelo de libertad y de liberación de las cadenas mundanas. Pero no hemos venido al mundo solamente con el cuerpo, también disponemos de intelecto y somos capaces de sentir. Por esta razón, sólo seremos verdaderamente libres cuando dominemos nuestros pensamientos y emociones.

El conocimiento de la verdad y las leyes de la vida no son un privilegio de occidente o de oriente, del cristianismo, del islam o del budismo. Si estamos abiertos, encontraremos la verdad en todas las culturas y circunstancias de la vida. Verdadero es aquello que demuestra serlo en la práctica. La fe ciega no es necesaria. Cada uno puede dirigir su vida hacia la verdad y la armonía, o desaprovechar su oportunidad de ser feliz con su destino.

Muchas personas creen que ya tendrán tiempo más adelante para ocuparse de las preguntas importantes de la vida, dado que en el momento presente tienen cosas más importantes que hacer. Y, no obstante, ¡lo que deben hacer no admite demora!

El libro que está a punto de terminar no ha caído en sus manos por casualidad, y es probable que se haya propuesto practicar el ejercicio mental en adelante. Tal vez quiera mejorar su situación laboral o resolver algún problema personal. Quizá desee simplemente disfrutar de una vida más plena, aunque no sepa por dónde hay que empezar.

Ahora ya lo sabe. El método de ejercicio mental le ha hecho tomar conciencia de las leyes que debe conocer para gobernar su vida a partir de ahora. ¡Aproveche esta oportunidad! El ejercicio mental le mostrará el camino para sacar partido de todas las situaciones de la vida y hacer realidad sus proyectos.

La finalidad de este libro es hacer de usted el maestro de su destino. No necesita abandonar su familia, su trabajo y su lugar de residencia para que un gurú indio le inicie en los secretos de la vida. ¡Si ése fuera su destino habría nacido en la India! Se puede ser maestro en cualquier parte, lo importante es que sea maestro de sí mismo –por encima del miedo, la envidia, la vanidad o el odio– y de su propia vida. Ser un maestro significa hacer aquello que es correcto y necesario, aprovechando el conocimiento para su vida diaria.

El cuerpo humano está condenado a desintegrarse. Sin embargo, nuestro verdadero yo es inmortal y trasciende a la misma muerte. Todos formamos parte de la conciencia cósmica, y el regalo más preciado que un ser humano puede hacer a los demás y a sí mismo es trabajar para la iluminación de su conciencia. Ésa es la meta más alta que podemos alcanzar, y es nuestra obligación dedicar todas nuestras fuerzas a cumplir este cometido.

El ejercicio mental es un método universalmente aplicable para resolver problemas y materializar los deseos de cada persona. Si usted termina esta obra –tal vez incluso entusiasmado y convencido– sin extraer consecuencias para la vida diaria, de poco le servirá haberla leído. Sólo si practica diariamente el ejercicio mental podrá activar las fuerzas que conducirán su destino por un nuevo camino. En sus manos tiene el manual que puede transformar su destino. ¡Le deseo mucho éxito en la nueva vida que va a emprender!

Bibliografía

- J. Blaschke y P. Palao Pons, *Ideas y trucos para potenciar su mente*. Ediciones Robin Book, S.L., Barcelona, 1998.
- Marilyn vos Savant y Leonore Fleischer, *Gimnasia cerebral*. Editorial Edaf, S.A., Madrid, 1993.
- Rodolfo Román y Guillermo López, *Gimnasia para la mente*. Editorial Oasis, S.L., Barcelona, 1997.
- Michael Beer, *Acostúmbrese a ganar*. Ediciones Obelisco, S.L., Barcelona, 1999.
- Mark Fischer, *El millonario instantáneo*. Ediciones Urano, Barcelona, 1989.